Vivir más libre

Vivir más libre

Luis Gutiérrez Rojas

VERGARA

Papel certificado por el Forest Stewardship Council®

Primera edición: febrero de 2023
Primera reimpresión: febrero de 2023

Printed in Spain – Impreso en España

ISBN: 978-84-19248-06-0
Depósito legal: B-21.593-2022

Compuesto en Llibresimes, S. L.

Impreso en Rodesa
Villatuerta (Navarra)

VE 4 8 0 6 0

ÍNDICE

A Maje, por enseñarme que la verdadera libertad
solo se alcanza cuando uno descubre el amor,
y a todos aquellos esclavos que creen
que no pueden dejar de serlo

Don eterno,
riesgo divino,
rebeldía noble,
bandera santa,
grito heroico,
zapatillas de casa,
oxígeno de ángel,
fórmula creativa,
y, sobre todo,
capacidad de amar.

ANTONIO BALSERA,
«La libertad»

La libertad, Sancho, es uno de los más preciosos dones que a los hombres dieron los cielos. Con ella no pueden igualarse los tesoros que encierra la tierra ni el mar encubre.

MIGUEL DE CERVANTES,
El ingenioso hidalgo
Don Quijote de la Mancha

1

¿QUÉ ES LA LIBERTAD?

La libertad es el principio más sublime de los nuevos tiempos.

Georg WILHELM FRIEDRICH HEGEL

La libertad: un anhelo posible

La libertad. Menudo anhelo. Pocas palabras llenan más los discursos públicos, las promesas políticas y las pintadas de las paredes. Todo el mundo quiere alcanzarla, ser por fin libre y romper con las ataduras que nos atenazan. Como en la célebre canción de Nino Bravo, queremos y ansiamos ser libres. Como el sol cuando amanece. Como el ave que escapó de su prisión. Como el viento y como el mar. Creemos que ser libre es lo mejor que hay. Ser libre. Amar y ser amado. Parece que esas serán las claves que nos permitirán alcanzar la tan ansiada felicidad. Si queremos y ansiamos ser libres acabaremos por alcanzarla. Solo es cuestión de luchar por ello. La libertad es, sin lugar a dudas, cimiento y fomento de nuestra felicidad. No es posible alcanzar el bienestar si uno se siente atado de pies y manos para realizar cualquier proyecto vital.

Pero no todo es tan fácil. La libertad parece escurrirse entre los dedos de las manos. Por mucho que lo intentemos no hay manera de conseguirla. Cuanto más la buscamos más se aleja, y nuestra sociedad capitalista parece ser una fábrica de esclavos. Cada día que pasa estamos más apegados a nuestros gustos, nuestros deseos y nuestras apetencias, y parece más difícil alcanzar el control de nosotros mismos. Hacer lo que queremos. Miles de personas llenan las consultas médicas, los gabinetes psicológicos, las oficinas de los asesores de la última tendencia en coaching. Enséñeme a dominarme. Deme pautas para alcanzar mis objetivos. Para vencerme a mí mismo. Para motivarme.

Todo un sinfín de enemigos nos atacan con el único objetivo de que jamás seamos capaces de alcanzar la tan ansiada libertad. ¿Cómo puede ser tan difícil de obtener algo que parece depender solo de nosotros? ¿Cómo podemos ser capaces de llevar el timón y sortear el vendaval? Este es, querida audiencia, un pequeño manual que pretende reflexionar sobre el sentido de la libertad. Sobre cuáles son sus principales características y elementos, y los peligros que debemos sortear si queremos, de una vez por todas, ser y sentirnos libres de verdad.

Empecemos por el principio. Si queremos ser libres, primero tendremos que definir qué es la libertad, pues si no sabemos a dónde vamos difícilmente conoceremos cómo llegar hasta allí.

La libertad: hacia una definición práctica

Si le preguntáramos a una persona cualquiera que nos cruzáramos por la calle (aún más si esta fuera un adolescente) en qué consiste la libertad, seguramente nos daría una definición tan universal como equivocada. Ser libre consiste en «hacer lo que me da la gana». Lo que me place. Lo que me gusta. En que nadie me diga lo que tengo que hacer. En que nadie me domine ni me lleve la contraria. Ser libre consiste en ir a donde quiero, en cumplir mis objetivos, en alcanzar lo que deseo.

Si lo piensa detenidamente, si reflexiona sobre ello, se dará cuenta de que esa definición es profundamente errónea. Si hacemos en todo momento, en todo lugar y en cualquier ocasión lo que *nos da la gana*, estaremos abocados al más absoluto de los fracasos. Perderemos nuestra libertad y jamás la podremos recuperar o, cuando nos decidamos a hacerlo, será demasiado tarde, pues nos costará mucho más esfuerzo cambiar el rumbo y buscar la libertad perdida.

Podríamos poner centenares de ejemplos de ello. El drogadicto que consumía lo que quería. El adolescente que no deja las pantallas. El avaro que solo idolatra su oro. El caprichoso que es muy especial para comer. Todos empezaron haciendo lo que les daba la gana. Todos eligieron por sí mismos desde el principio. Y el amargo fruto de dicha decisión fue la más cruel de las cadenas. Por eso, si queremos ser libres debemos educar en la libertad desde que somos pequeños. Educar en la libertad a nuestros hijos empieza cuando ellos están en la cuna. Si somos capaces de hacerlo bien en los primeros años de la vida, luego la adolescencia será menos traumática y más llevadera: ya tendremos la mitad del camino hecho. Más adelante hablaremos de todo ello en detalle, pero ahora lo importante es señalar que la definición de libertad tan predominante en nuestra sociedad está equivocada, pues es antropológicamente inexacta y muy falsa.

¿Qué es entonces la libertad? La libertad es la capacidad que tenemos para elegir el bien. Cuando escogemos el mal nos equivocamos y dicho error acaba convirtiéndonos en un esclavo. Cuanto más libres somos, menos nos cuesta hacer el bien. La persona más libre de este mundo es aquella que hace el bien sin esfuerzo. ¿A que suena atractivo? Hacer el bien sin que nos cueste nada. Hacer el bien de manera natural. Ahora entendemos por qué cuesta tanto ser libre. Cuesta porque no estamos acostumbrados a hacer el bien. Cuesta porque llevamos demasiado tiempo haciendo lo que nos place. Y cuando queremos corregir el rumbo descubrimos que esas costumbres han echado raíces en nuestro interior y cuesta romper el arraigo.

Además, como trataremos luego, debemos saber que el ser humano está herido por naturaleza y que nuestra tendencia a hacer el bien no está nada arraigada. Estamos muy condicionados por miles de factores externos que coartan, de una u otra forma, nuestra libertad. Es imprescindible localizar dónde están dichas trabas si queremos crecer en libertad.

Dice el pensador francés Joseph Joubert que ser libre

no es hacer lo que queremos, sino lo que hemos considerado mejor y más conveniente. De nuevo esta es una definición bastante cercana a la verdad. Si queremos alcanzar la libertad debemos mejorar nuestra capacidad de elección. Cada decisión en la vida nos define. Y con ello no me estoy refiriendo a las grandes decisiones de la vida: qué voy a estudiar, cuál es mi vocación, con quién me voy a casar o si voy a tomar la decisión de formar o no una familia. Ese tipo de decisiones no se toman de un día para otro, sino que más bien se van configurando conforme a lo que nos pasa. Me refiero a decisiones mucho más pequeñas. Podríamos definirlas como «microdecisiones». ¿Me pongo a estudiar o sigo viendo Netflix? ¿Llamo al amigo que sé que lo está pasando mal o paso de él? ¿Me acuesto pronto para madrugar por la mañana o sigo con los videojuegos?

En ese sentido, y creo que este pensamiento debe animarnos bastante, todos los días son buenos para ganar libertad. Nada de lo que hacemos cae en saco roto. Nada es efímero ni intrascendente. Todo lo que decidimos, lo que comemos, lo que pensamos y lo que no hacemos nos marca para siempre, nos configura de una u otra manera. Como dice el refrán, «Nunca es tarde si la dicha es buena»; luego siempre podemos mejorar, dar un paso al frente y cambiar. Pero si dejamos la decisión para más adelante —«aún tengo tiempo, soy demasiado joven, ya cambiaré»—, entonces corremos el riesgo de que cuando queramos darnos cuenta las cosas nos cuesten mucho más o, lo que es todavía más importante, ya no seamos capaces de sacarle el máximo partido a nuestra libertad.

Hagamos un pequeño ejercicio práctico: párese un momento a pensar en alguien que admire, alguien que sea un referente para usted. Un familiar, un compañero, un maestro. Alguien al que, por lo que sea, le gustaría parecerse. Alguien que tiene algo que usted anhela. Ya verá cómo eso que admira de él tiene que ver con la libertad. Seguramente le gustaría ser igual de libre que él. Igual de auténtico. Analice qué le falta y enseguida aparecerán ante sus ojos las trampas en las que cae todos los días. Ese defecto que tanto le incomoda. Ese vicio que no acaba de superar. Esa conducta que sabe que le hace daño y le esclaviza.

Concluyamos, por tanto, que la libertad es la capacidad que tenemos para elegir lo que nos conviene de verdad, lo que nos hará ser mejores, lo que intensificará la libertad de todos los que nos rodean y, por puro contagio, impregnará de libertad al resto de la sociedad.

Tenemos que empezar a reflexionar juntos y aprender a ser más y más libres. Para ello debemos conocer algunos de los peligros que pueden atenazar a nuestra libertad, los principales riesgos que debemos sortear si no queremos caer por el precipicio de nuestros deseos o ser condenados a la celda que constituye nuestra falta de libertad, tanto por exceso (ejercerla de forma inadecuada) como por defecto (no poder o no querer hacer uso de ella).

Primer peligro: la libertad por exceso

Ser libre nunca es malo. Cuando acusamos a alguien de ser «demasiado libre» o de «ir por libre», seguramente es porque está siendo un egoísta que solo piensa en sí mismo o que va a la suya, es decir, que antepone sus deseos y objetivos a los de los demás. Que usa a quienes le rodean para alcanzar sus metas. Y esa actitud tiene poco que ver con la auténtica libertad. El egoísmo y la libertad son incompatibles: las personas libres se caracterizan por su generosidad.

Luego podríamos decir que no existe, por definición, un exceso de libertad. No podemos llegar a decir que hemos alcanzado la libertad absoluta porque, como veremos en un capítulo posterior, el ser humano siempre puede crecer en libertad, al igual que lo hace en sabiduría o bondad. Es un bien absoluto y, como tal, inalcanzable. La madurez de las personas se alcanza cuando son conscientes de esa realidad y luchan por superarse ejercitando una sana deportividad.

En cambio, lo que sí que puede existir es un mal uso de la libertad, una especie de *borrachera* de libertad que lleva a caer en el libertinaje. El ser humano ha tenido que enfrentarse, de una u otra forma, a esta tentación desde sus inicios. Nos hemos liberado de lo que nos atenaza. Hemos roto las cadenas de la moral. Hemos destruido los mandamientos y hemos adorado al becerro de oro de nuestra complacencia. Es un deseo equivocado, pero tan humano que siempre nos lo encontramos a la vuelta de la esquina, cuando menos lo esperamos. ¿Y por qué voy a tener que hacer lo que me piden los demás? ¿Y por qué tengo que ser yo el que ceda, el que se sacrifique, el que dé su brazo a torcer? Yo, yo, yo. Mío, mío, mío. Mal camino llevamos si ese es nuestro único objetivo.

Hay una expresión que he escuchado muchas veces cuando he ido a Almería y es «lo que es es». El ser humano es de una determinada manera: desde el punto de vista antropológico viene diseñado de fábrica. Podríamos ser de otra forma, pero no lo somos. Si fuéramos distintos no seríamos humanos. No somos ni ángeles ni animales, sino animales racionales, personas físicas. Conocer nuestra naturaleza es imprescindible si queremos saber cómo podemos ser libres. Leo en el libro *Las pequeñas virtudes* de Natalia Ginzburg una frase que define lo que quiero explicar: «El hombre no puede hacer otra cosa que aceptar su propia cara del mismo modo que no puede hacer otra cosa que aceptar su propio destino; la única elección que le está permitida es la elección entre el bien y el mal, entre lo justo y lo injusto, entre la verdad y la mentira».

El hombre, por tanto, está obligado a jugar la partida, a decidirse por una cosa u otra, a dar un paso al frente y tirar por uno de los caminos.

También puede escoger ser cobarde y quedarse paralizado, y ya veremos en un capítulo posterior que esa será la peor de las elecciones. No decantarse por nada. La omisión solo lleva a la parálisis y esta nos incapacita para ser libres.

Hay que elegir. Las elecciones son múltiples, pero finitas, y todas implican una renuncia. Todo lo que hacemos nos define y optar por lo bueno nos hace libres. Sé que pensar así genera una considerable angustia en muchas personas y por eso no son pocos los que han decidido romper la baraja y negar la existencia del juego. Pero la peor de las esclavitudes comienza cuando negamos la verdad. Algunas personas parecen empeñadas en afirmar que no existe ni el bien ni el mal. Nada es bueno o malo. Todo depende. Todo es relativo. Nuestras elecciones dan exactamente lo mismo. No somos tan importantes. No somos el centro de la creación y, por tanto, es indiferente lo que elijamos. Esto es lo que explica de forma brillante el relato del Génesis. Fíjense en que su importancia es tal que es lo primero que le sucede a la humanidad cuando pretende explicar cómo es su naturaleza. Dios le dice a Adán y Eva que todo es suyo pero que no deben comer del árbol de la ciencia del bien y de mal. Es decir, que no pueden decidir lo que está bien y lo que está mal porque no depende de ellos, sino que se trata de algo ya decidido previamente. Nuestros primeros padres no pueden soportarlo y se rebelan. No pueden tolerar que alguien les diga lo que tienen que hacer y cometen el error de querer ser su propio dios. De querer configurarse a sí mismos. A partir de ahora seré yo, el hombre, el que dictará las reglas de juego. Aquí mando yo.

Y ese relato explica a la perfección que la humanidad, ya en sus inicios, hizo un mal uso de su libertad y eso la dejó coartada, herida, para siempre. Pero esa coartación, esa cicatriz, no puede llevarnos al otro extremo. Nuestra debilidad y nuestra imperfección no quieren decir, bajo ninguna circunstancia, que no valgamos para nada ni que seamos lo peor de lo peor.

Cientos de miles de años después, el ser humano angustiado sigue diciendo exactamente lo mismo, si me apuran hasta con las mismas palabras: «¿Me puede usted explicar por qué narices no puedo hacer lo que me dé la gana? Yo no quiero que nadie me mande, que nadie me diga lo que debo hacer». Preparo este libro mientras mis hijos ven la película de Disney de *El rey león* y allí me encuentro al león adolescente Simba diciendo: «Nadie que me diga lo que debo hacer, nadie que me diga cómo debo ser, vivo para hacer mi ley, vivo para ser el rey». No me parece que dicho postulado esté muy alejado de lo que Nietzsche propone en *Más allá del bien y del mal*. El superhombre de Nietzsche es el adolescente mal criado, que a la vez representa el hedonismo del marqués de Sade: a partir de ahora pienso dedicarme a hacer lo que yo quiera. Y el que venga detrás que arree. Que se busque la vida como lo hacemos todos. Que cada palo aguante su vela. Que espabile. Que le den morcilla. Que me deje en paz.

Cuando el ser humano se convierte en la única vara de medir para configurar y moldear su conducta las consecuencias son devastadoras. Lo vimos en el siglo pasado con el nazismo: una voluntad de poder que pretende que cualquier persona no sea ni alcance lo que es. Por eso ese tipo de ideologías son tan destructivas, porque resultan inhumanas por naturaleza. Pero tienen los pies de barro; producen mucho daño, pero acaban por desaparecer.

Podemos pensar que eso no es lo que le pasa a la sociedad actual, pero démosle una vuelta a esta idea. La tentación que presenta nuestra sociedad contemporánea es más sibilina, más sutil, más amable en las formas, pero igual de perversa. Pretende que la única vara de medir de nuestro comportamiento sea cumplir nuestros deseos, hacer lo que nos conviene, satisfacer hasta nuestros más bajos anhelos. Las consecuencias de dicha decisión la vemos todos los días; solo hay que ver las noticias o mirar las estadísticas: más casos de depresión, suicidio, ansiedad, consumo de drogas, desestructuración familiar y la tasa de natalidad más baja de la historia de la humanidad. Esos son los amargos frutos que produce el árbol del libertinaje, eso es lo que supone renunciar a luchar por conquistar nuestra libertad. Pero no se angustie. La humanidad ha demostrado en infinidad de ocasiones que todo puede cambiar y mejorar. No hay ninguna duda de que la solución está en nuestras manos. Iniciemos la revolución silenciosa de la inmensa minoría que quiere alcanzar la verdadera libertad.

Segundo peligro: la falta de libertad

Nuestra sociedad democrática también tiene previsto un castigo determinado cuando alguien hace algo que va en contra de la libertad de los demás. El peor acto que alguien puede cometer en su vida, el más grave y pernicioso, es quitarle la vida a otra persona. Coartar la libertad ajena es malo, pero es mucho peor matar a alguien porque supone quitarle la libertad para siempre, no permitir que pueda volver a ejercerla nunca. De esta manera entendemos por qué las guerras son tan malas: porque imposibilitan que miles de personas puedan enseñarle al resto de la humanidad lo mucho que podían hacer para mejorarla. También es comprensible que cuestiones como el aborto, la eutanasia o la experimentación con embriones generen tanta polémica y controversia, pues suponen eliminar a un ser humano vivo, imposibilitar que alguien ejerza su derecho a la vida, es decir, su derecho a la libertad.

Y cuando alguien hace algo malo, nuestra sociedad ha diseñado un castigo para esa persona. La tortura o la ejecución (la pena de muerte) nos parecen éticamente reprobables y hay un consenso social de que no deben aplicarse porque están mal. ¿Cuál es entonces el peor de los castigos posibles? ¿Qué es lo que hacemos con aquel que comete un delito execrable, algo que está realmente mal? Privarlo de su libertad. Y así es como lo definen los jueces: pena de privación de libertad.

La libertad es un bien tan supremo, tan absoluto, que privarnos de ella es el peor de los castigos. Y deberíamos reflexionar mucho sobre ello. Si su privación es lo que aplicamos para castigar el mal, los que tenemos la grandísima suerte de poder ejercer la libertad deberíamos ser mucho más cuidadosos con ella. Tenemos un bien precioso, hemos recibido una herencia espectacular, así que hagamos un buen uso de la libertad. No la malgastemos con elecciones vanas que nos condenan.

A lo largo de la historia de la humanidad ha habido

numerosos regímenes, de todo signo político, que han buscado tiranizar a la población que viva bajo ellos. Aún hoy en día, los habitantes de muchos países como Venezuela, Corea del Norte, Arabia Saudí (por no mencionar a los pobres habitantes de la Ucrania en guerra) no pueden vivir en libertad. No hay libertad de expresión, de asociación o de movimientos. No hay libertad para ejercer en público el libre pensamiento o para denunciar la corrupción. Más adelante hablaremos de todo ello con más profundidad, pero no olvidemos que por mucho que un determinado dictador o déspota ejerza la violencia sobre la población hay algo que no puede llegar a dominar, algo que forma parte de nuestra más profunda intimidad: la capacidad de pensar, imaginar, recordar o fantasear con lo que queramos. Muchos presos condenados injustamente se han sentido libres al descubrir esto último. La dignidad del ser humano no se puede cercenar al cien por cien: siempre habrá algo en nuestro interior que nos pertenece, que nadie nos puede arrebatar por mucho que se empeñe y que forma parte de lo que nos hace intrínsecamente humanos.

Es más que probable que la mayoría de los lectores de este libro, yo el primero, hayamos tenido la gran suerte de no tenernos que enfrentar a ninguna situación límite en la que hayamos perdido nuestra libertad. Reflexionemos acerca de nuestra suerte. Millones de personas contemporáneas a nosotros carecen de libertad y no les queda más remedio que enfrentarse a un sistema que les oprime y manipula por igual. Sin embargo, lo que sí que puede pasarnos es algo que a la larga es mucho peor: el miedo atroz a ejercer nuestra libertad.

Tercer peligro: el miedo a ejercer la libertad

Se trata del miedo a equivocarse, a meter la pata, a hacer algo de lo que luego tengamos que arrepentirnos. El miedo a pensar distinto, a enfrentarse a la dictadura de lo que todo el mundo cree o dice que está bien: la imposición de lo políticamente correcto. Tengo la impresión de que esto es mucho más frecuente de lo que pensamos y mucho más perverso y problemático. Podríamos afirmar que uno de los grandes males del mundo que nos ha tocado vivir es que millones de personas han renunciado a ejercer la libertad, y no porque alguien se la haya arrebatado o la quiera cercenar, sino porque han decidido previamente que sea otra persona quien la ejerza por ellos.

Este es el peligro que tiene no pensar por libre. Si no somos nosotros los que reflexionamos sobre lo que nos pasa, sobre lo que sentimos, sobre lo que pensamos, sobre el sentido ético de nuestra conducta, serán otras personas quienes nos señalarán lo que debemos pensar. Si abrimos los ojos veremos cómo dicho mal está muy extendido. Basta con preguntarle a alguien sobre sí mismo, sobre el sentido de su existencia. ¿Quiénes somos? ¿Para qué estamos en este mundo? ¿Qué pasará después de la muerte? ¿Cuál es el sentido de nuestra existencia? En mi labor como profesor universitario es algo que pregunto con mucha frecuencia a los alumnos que están terminando (en el sexto curso) la carrera de Medicina y sus respuestas me dan miedo.

«Nunca me lo había preguntado». «No sé, es algo que no me planteo». «Son preguntas difíciles que me generan cierta angustia». «Ya veremos qué pasa, por ahora me va todo bien». O como me dijo, no sin cierta sorna, un compañero de trabajo: «No sé ni lo que voy a comer hoy, como para saber qué me va a pasar cuando me muera». Pero son unas preguntas que nadie puede responder por nosotros. Si adoptamos respuestas ajenas como propias, nunca seremos libres. Esto es lo que le pasa al niño educado en la represión, aquel al que han manejado como si solo fuera una oveja que no debe salir nunca del redil. En cuanto aparecen las dificultades, cuando tiene que enfrentarse a grandes (o pequeños) problemas o dificultades, no sabe qué hacer. No tiene estrategias de afrontamiento que le consuelen y ayuden. O dicho con términos filosóficos: no tiene ninguna respuesta.

Y entonces aparecerá una respuesta agresiva e irritable, profundamente irreflexiva. Como el adulto que se pone a romper objetos cuando alguien le lleva la contraria o la adolescente que decide tomarse una caja de pastillas cuando se enfrenta a la primera ruptura sentimental. El ser humano, cuando es libre, se caracteriza por enfrentarse a la dificultad cargado de herramientas. Está acostumbrado a elegir lo bueno antes de lo que le apetece y por eso cuando las cosas no salen bien, cuando fracasa, cuando se enfrenta al no y a la frustración, lo hace pertrechado con la madura armadura de la libertad. Ni los éxitos le emborrachan de placer ni las dificultades le condenan a la infelicidad.

En nuestro mundo la principal renuncia a la libertad no es porque otras personas quieran quitárnosla, sino porque hemos adoptado la terrible decisión de no ejercerla. De no calentarnos la cabeza y buscarnos la vida. Es mucho más fácil pasar la pelota y dejar que sea otro el que termine la jugada. Pero esa equivocada decisión tendrá funestas consecuencias en el futuro. Si nos fijamos en los principales medios de comunicación de masas que la gente consume vemos la simplicidad de las propuestas. Nadie dice nada que tenga una cierta profundidad, un mínimo de reflexión, la capacidad de plantearnos preguntas y hacernos pensar. Así nos va. Luego nos sorprendemos de que la vida sea para nosotros una especie de páramo oscuro repleto de tristeza. Si no sabemos para qué estamos aquí, para qué tenemos que ser libres entonces, difícilmente nos interesará luchar por alcanzar la ansiada libertad.

Hablemos claro: ¿podemos ser libres de verdad?

Me siento en deuda con el breve ensayo *Entre libertad y determinismo* del profesor de Anatomía Luis María Gonzalo, del que tuve la suerte de ser alumno en mis años en la Universidad de Navarra. En él plantea a las claras la espinosa cuestión de si el ser humano puede ser libre. La respuesta a esta pregunta marca de forma radical nuestro concepto sobre la naturaleza del hombre. Pues si no somos libres, ¿quiénes somos los seres humanos para privar de su libertad al delincuente? ¿Cómo podemos atrevernos a juzgar la conducta ajena o la propia? Si no pudiéramos actuar sobre la conducta del individuo, ¿qué sentido tendría la psicoterapia o la educación? Si no somos ni podemos ser libres, un ensayo como este sería un completo absurdo.

A lo largo de este libro explicaré en qué trampas podemos caer a lo largo de nuestra vida para ser menos libres, pero ahora me gustaría decir que esta cuestión ha recibido la atención de muchos pensadores a lo largo de la historia de la humanidad. Precisamente este punto, el de la libertad, fue el que marcó la reforma protestante del cristianismo. Lutero, apesadumbrado por el peso de su naturaleza herida, planteó que era la fe, y solo la fe, la que salvaría a la humanidad y Calvino, dando un paso más allá, apuntaló el error con su idea acerca de la predestinación: el ser humano no era libre, sino que era Dios quien lo *predestinaba* para su condena o para su salvación. Esto último es el colmo de la injusticia. Los que en esta vida gozan de todo tipo de privilegios disfrutarán, además, en la venidera, de la vida eterna. Ahora podemos entender por qué tantas personas se echan a los brazos desnudos del capitalismo sin que les remuerda la conciencia.

Negar la posibilidad de que podamos ser libres es una idea tan atractiva que son infinitas las corrientes políticas y filosóficas que se han agarrado a ella, normalmente con la maléfica intención de manipular a las masas y ponerlas a su servicio. Decir que no somos libres es el método más barato y eficaz diseñado por quien manda, por el tirano, por el que ejerce el poder, por el ideólogo perverso, para conseguir así doblegar y controlar a aquellos que tiene por debajo.

Es obvio que no somos libres para poder hacer todo lo que queramos en esta vida y que estamos completamente condicionados por miles de circunstancias externas tan frecuentes que en muchas ocasiones ni siquiera nos damos cuenta de su existencia. Pero esa realidad no niega nuestra libertad ni impide reconocer que, a pesar de dichas limitaciones, nuestro margen de actuación sigue siendo bastante amplio. La libertad del ser humano es un jaque mate contra los biologicistas puros, contra aquellos que afirman que el hombre no es otra cosa que un simio al que le creció demasiado la cabeza. La libertad del ser humano es la piedra de escándalo del nihilista y del pesimista. Somos libres. Gritémoslo a los cuatro vientos y luego tengamos la valentía de actuar en consecuencia.

¿Para qué queremos ser libres?

Querer ser libres con la única intención de serlo es el peor de los errores. La libertad es un medio, precioso e imprescindible, pero no es un fin en sí mismo. Como decíamos antes, lo importante es la capacidad de hacer el bien, y esa puerta solo puede abrirse con la llave de la libertad. Pero si lo que queremos es solo quedarnos con la llave, o sea, disponer de la libertad, pero no hacer un buen uso de ella, al final la perderemos antes de que incluso nos demos cuenta.

Lo primero que debemos preguntarnos es: ¿por qué el ser humano es libre? Es una pregunta filosófica, de no fácil respuesta, y que incide de lleno sobre el sentido de nuestra existencia. Como veremos más adelante en otros capítulos, el ser humano es el único ser vivo conocido que es libre. Ante la inmensidad del cosmos y de la galaxia, este dato es tan llamativo que nos hace preguntarnos inmediatamente por qué es así. La existencia de las películas y los libros de ciencia ficción y nuestra afición a ver extraterrestres, y creer que existen, tienen que ver con el dato anterior. ¿Acaso solo nosotros, pobres mortales, somos los únicos seres libres del universo? Esto no puede ser cierto, pero la verdad, nos guste o no, es que lo es. Pensar en nuestra libertad nos lleva a la cuestión del porqué de esta y, más adelante, a la pregunta de quién nos ha creado. El porqué de la libertad del hombre tiene que llevarnos a preguntarnos qué es hombre. ¿Por qué somos como somos y, lo que es más importante, por qué estamos aquí? Más adelante abordaremos esta interesante cuestión.

Y la segunda pregunta que se desprende de la anterior es: ¿para qué queremos ser libres? Como antes decía, buscar la libertad como un bien supremo, como un fin último de la existencia humana, es un error. Se parece a quien dedica toda su vida a acumular riquezas: de poco le puede servir. El dinero tiene sentido porque con él podemos conseguir cosas buenas y, sobre todo, porque podemos invertirlo en mejorar la vida de los demás. Pero cuando el dinero se convierte en el fin último de la vida, llega un momento en que no sabemos qué hacer con él y lo malgastamos en inutilidades. Solo hay que ver cómo despilfarran el dinero aquellos que se encuentran con él de repente por una herencia inesperada o porque les acaba de tocar la lotería. Más pronto que tarde lo perderán. De la misma manera, aquel que busca la libertad como si fuera lo único importante acabará por pensar que lo importante es no *atarse* a nada ni a nadie, evitar asumir cualquier tipo de responsabilidades, y esa será la peor de sus condenas, la que le arrebatará su codiciada libertad.

La libertad debe obtenerse para algo, para utilizarla, para ejercitarla, para hacer un buen uso de ella. Somos libres cuando hacemos el bien, luego ¿para qué somos libres? Para hacer el bien, pero para ello debemos saber qué está bien y qué está mal. La filosofía, la ética y la moral han planteado miles de propuestas y aproximaciones a esta realidad. Muchas de ellas son incluso contradictorias e imposibles de compaginar entre sí. Por eso la persona libre no puede renunciar a esta cuestión. Debe preguntarse si sus acciones le hacen más o menos libre y también debe tener la suficiente valentía para analizar si aquello que cree en la teoría se adecua a aquello que hace en la práctica. Hacer el mal es algo bastante frecuente y, en cierta forma, inevitable, pero ese no es el problema. El problema grave es no reconocer lo que hacemos mal, no pedir disculpas y volver a empezar, no arrepentirnos del mal realizado. Eso sí que resulta catastrófico. De hecho, es habitual que algunas personas, hartas de no ser capaces de mejorar, acaben por pactar con sus propios defectos y justifiquen sus errores. Esa es la principal consecuencia que la soberbia ejerce sobre nosotros. No se puede madurar ni alcanzar la libertad si no nos hemos equivocado antes muchas veces, hemos reconocido dicho error y hemos luchado por mejorar.

Todo lo demás sobra. No hay atajos para la libertad. No hay vericuetos ni caminos fáciles. Si queremos ser libres debemos acostumbrarnos a hacer el bien, a tomar el mayor número correcto de decisiones. Y para ello debemos preguntarnos acerca del bien. Seamos sensatos y coherentes. No tiremos la toalla. Hacer el bien es mil veces más fácil, placentero, sensato y divertido que hacer el mal. Seamos listos. Analicemos los frutos de nuestra conducta y enseguida, más pronto que tarde, sabremos a dónde debemos dirigir nuestra existencia.

En este capítulo he puesto encima de la mesa algunas de las bases que pretendo desarrollar con detalle en el resto del libro. Ya hemos apuntado un concepto actual de lo que es la libertad y dado unas pinceladas acerca de por qué y para qué debemos ser libres. También que es malo buscarla de forma inadecuada, intentar encontrarla como si no hubiera ninguna cortapisa o renunciar a ella dejando que sean otros los que nos la arrebaten a cambio de nada.

Ahora, mis queridos lectores, veamos cómo vamos a poder enfrentarnos a los enemigos de la libertad y cómo iniciamos un viaje alucinante y verdadero encaminado a poner las bases para conseguir conquistar nuestra propia libertad.

2

EL HOMBRE LIBRE ¿NACE O SE HACE?

Mide a ciegas los versos,
sin rimas,
sin adornos,
y elige esta palabra,
libertad,
y desde ella te nombra,
te inventa,
te posee
ovillando su angustia
sobre tercos silencios,
sobre el papel en blanco
que será tu destino.

David FRAGUAS,
«La libertad»,
Tierras extrañas

Los condicionantes de la libertad

El pensador Jean-Jacques Rousseau comienza de forma bastante provocativa su célebre libro *El contrato social* con esta sentencia: «El hombre nace libre». Y la pregunta que yo me hago es: ¿es eso verdad? Algo tan frágil como un bebé, tan determinado y condicionado como un niño, ¿es realmente libre?, ¿es capaz de disfrutar de un mínimo atisbo de libertad? Son muchos los pensadores que nos dirán que no es así. Que la libertad solo es un espejismo pueril y ñoño, un ideal infantil en el que caen aquellos que viven en un mundo idiotizado e inmaduro. Si nos atreviéramos a abrir los ojos, parecen querer decirnos, si tuviéramos la suficiente valentía como para aceptar la realidad, nos daríamos cuenta de que la libertad es un objetivo imposible. Algo que, por mucho que lo intentemos, jamás llegará a darse.

Si no somos libres podemos afirmar, parafraseando a san Pablo, que vana es nuestra existencia. Algunos plantean que solo podemos obedecer a otros yoes (los genes, los condicionamientos conductuales marcados por nuestra familia y la sociedad o los traumas psicosexuales) que nos controlan de forma automática como si estos fueran pequeños generales que han decidido dominarnos con la misma determinación y precisión con la que el titiritero controla a su marioneta.

Este tipo de propuestas son tan viejas como el Evangelio. Al igual que el curandero afirmaba que lo que nos dominaba era una determinada fase de la luna o el supersticioso quería hacernos creer que nuestro destino estaba marcado por los signos del zodiaco o el ser humano primitivo creía a pies juntillas que eran los dioses los que nos inspiraban una u otra acción, del mismo modo hoy podemos creer cualquier otra sandez que limite o vulnere, al menos parcialmente, nuestra libertad. Pero este tipo de propuestas son propias de personas ancestrales, con un desarrollo premoral. Planteamientos propios de culturas remotas que ya han sido superadas.

El ser humano contemporáneo puede no caer en tan burdas pretensiones (aunque impresiona conocer el gran número de personas que siguen solicitando los servicios de determinados adivinos y santeros) pero a veces puede hacerlo en algunas que son aún peores. Es importante señalar que la libertad es el mejor antídoto que tenemos para combatir cualquier determinismo. A continuación, enumeraremos cuáles son las principales corrientes que han intentado explicar los condicionamientos humanos y explicaremos brevemente cómo pretenden limitarnos.

El determinismo biologicista

Me viene a la memoria, al tratar este aspecto, la película *Gattaca*, que suelo utilizar en las clases de bioética que imparto en la universidad. Se trata de un filme muy sugerente que plantea algunos dilemas de rabiosa actualidad (a pesar de haberse estrenado en 1997). En dicha película una enfermera explica a unos padres, nada más nacer su bebé, que es lo que le va a pasar a este: cuál será su esperanza de vida, qué enfermedades sufrirá; en definitiva, cuál será su destino. Sin embargo, el filme muestra, de forma magistral, cómo dichas predicciones no se cumplen en ningún momento. Las predicciones de la enfermera se fundamentan en las falsas promesas que nos hicieron aquellos que creían que para saber qué le iba a pasar a un determinado ser humano bastaba con transcribir su genoma. Aunque ahora nos parezca algo iluso y absurdo, a finales del siglo XX más de una persona se creyó que la secuenciación completa del genoma humano traería consigo una revolución radical de la medicina. Podríamos leer hasta el último renglón del libro de la vida y desentrañaríamos por fin hasta el último secreto de la conducta humana.

No cabe duda de que los avances en este terreno han sido abismales, pero, a su vez, no es menos cierto que nos hemos encontrado con pocas respuestas y muchos más interrogantes. Así, podríamos concluir que los genes no nos determinan tanto como creemos. Por ejemplo, una pareja de gemelos univitelinos (es decir, que comparten al cien por cien los mismos genes) pueden tener un futuro muy distinto. Aunque la probabilidad que tiene una persona de padecer una enfermedad genética concreta es mucho más alta si su gemelo también la sufre, esto no tiene por qué ser así todas las veces. Cada vez sabemos más acerca de la epigenética, la ciencia que nos explica cómo nuestras acciones y las decisiones que tomamos tienen una influencia crucial a la hora de transcribir un gen u otro. Por ejemplo, a pesar de que tengamos una predisposición, más o menos intensa, a sufrir obesidad, lo que hacemos (el ejercicio físico que realizamos o la dieta que seguimos) influirá mucho más que nuestra genética a la hora de llegar a ser obesos.

Aunque Darwin no conocía la existencia de los genes

fue un genio de su época al deducir la importancia que tiene la evolución en el desarrollo de las especies. El problema de dicha teoría es que acabó creando una escuela de pensamiento que transmitía la idea de que el ser humano *no es otra cosa* que un producto evolucionado y egoísta que parece tener vida propia y dirigirnos a donde le plazca. Pero, nuevamente, la realidad nos demuestra que no solo somos eso. Los seres humanos, como luego veremos, somos mucho más que animales racionales, pues también poseemos una serie de rasgos que nos hacen diferentes y claramente superiores. No olvidemos que las teorías evolucionistas tuvieron una cara B que trajo algunas de las corrientes más liberticidas de la historia. Aunque esa no fuera la intención de Darwin, la historia nos enseña que señalar que las personas evolucionamos hacia la mejora de la especie llevó a muchas personas a pensar que aquellos individuos más débiles (los que están peor dotados genéticamente) son seres inferiores que deberían ser eliminados para no perpetuar la discapacidad.

El nazismo, el machismo, el racismo y la eugenesia beben de unas fuentes que vienen a señalar que hay seres superiores a otros por el mero de hecho de poseer una supuesta dotación genética mejor y, aunque pudiera parecernos que todas estas escuelas han sido superadas en la actualidad, deberíamos plantearnos que algunas realidades sociales y políticas parecen empeñadas en demostrarnos que no es así. El aislamiento de los pobres, el aborto selectivo de fetos con determinadas taras o enfermedades, el feminicidio sistemático en la India y China, la esterilización forzada de las clases bajas, la presión por parte de algunos organismos supranacionales para que los países subdesarrollados reduzcan obligatoriamente las tasas de natalidad... Todas estas corrientes tienen su raíz en las pantanosas raíces del evolucionismo radical. ¿Hay seres mejores o peores según su dotación genética? Es posible que sí, pero reducir al ser humano a un conjunto específico de genes es tan simple y equivocado que acaba por generar planteamientos profundamente inhumanos.

Todos los seres humanos estamos determinados biológicamente, y no solo por nuestros genes. Las mujeres han tenido que soportar el comentario, cargado de machismo y misoginia, de que, si actuaban de determinada manera o se mostraban irritables, inestables o tensas, era porque en esos momentos tenían la regla. Como si los hombres fuéramos balsas de aceite que nunca se alteran. Este tipo de condicionamiento, ya sea genético, hormonal o temperamental, no puede negar nuestra libertad. Cada persona, siendo como quiera, tendrá la capacidad de ejercitar su libertad según el empeño que ponga en ello. La realidad parece querer llevarle la contraria a todos aquellos que afirman que la humanidad no tiene la capacidad de guiar sus pasos hacia una dirección concreta.

Podría parecernos que algunas condiciones físicas y psíquicas son, *a priori*, incompatibles con la libertad: estar en una silla de ruedas, padecer autismo o esquizofrenia, estar aquejado de una enfermedad terminal o sufrir una discapacidad intelectual. Pero si lo pensamos fríamente ninguna de dichas condiciones nos quita ni un solo gramo de auténtica libertad. Únicamente hay que echar un vistazo a las redes sociales para encontrarse con un sinfín de testimonios de personas que se sienten muy libres a pesar de estar enfermas. Es más: causa sorpresa enfrentarse a la paradoja de que algunas de ellas afirman que empezaron a sentirse *más libres* cuando tuvieron la desgracia de que un accidente les cambiara la vida para siempre dejándolas ciegas, inmóviles o parapléjicas. Creo que esos testimonios deberían servirnos para reflexionar. El que crea que no es libre porque ha tenido la aparente mala suerte de padecer una determinada minusvalía debería plantearse que no hay nadie perfecto, que todos los seres humanos de este planeta, de una u otra manera, tendremos que enfrentarnos a nuestras limitaciones. Y, aunque las físicas o biológicas nos pueden parecer las más limitadoras, la realidad se empeña en demostrarnos lo contrario. En mi consulta he tratado a decenas de personas que conviven con un hijo que padece un retraso mental (el síndrome de Down sería un ejemplo claro de esto) y todas coinciden en lo mismo: es el hijo más sincero, más tolerante, más cariñoso, más humano; ¿nos atreveríamos a decir que también es el más libre? Desde luego, es el que tiene más facilidades para no caer por la pendiente resbaladiza de la maldad.

En mi trabajo como profesor universitario e investigador me he enfrentado en numerosas ocasiones con dicha paradoja. Encontrarnos con un determinado factor de riesgo (una *odds ratio*) que explica una relación de causa-efecto estadísticamente significativa arroja luz sobre un aspecto de la realidad, pero no sobre toda ella. El cannabis predispone a sufrir psicosis y el divorcio de los padres se asocia con una mayor probabilidad de que su hija adolescente sufra un trastorno de la conducta alimentaria. Pero no todo puede explicarse por técnicas estadísticas, por muy multivariantes que sean. Siempre hay algo más, como luego veremos, que se escapa. Las personas son mucho más imprevisibles de lo que parecen, por eso algunos comportamientos humanos poco frecuentes, tanto malos como buenos (la conducta asesina del terrorista o la filantrópica del misionero), no suelen ser fáciles de explicar. El ser humano es libre y, si no tenemos en cuenta ese factor, no podremos entenderlo.

Podríamos concluir este apartado con una sentencia que he leído en el libro *Nuestra mente maravillosa* del profesor Fernando Alberca: «El único que está determinado por su genética es aquel que cree que lo está». Considero que esta frase encierra una gran verdad y que dicha creencia puede tener lecturas tan positivas como negativas. Si confiamos en que podemos hacer algo, será más fácil que lo consigamos; de la misma forma que si pensamos que algo es imposible de superar jamás lo lograremos. En esta idea se basan gran parte de las corrientes conductistas. Como podemos oír en la célebre canción de Diego Torres *Color esperanza*: «Saber que se puede, querer que se pueda, quitarse los miedos, sacarlos afuera».

¿Puede el ser humano conseguir todo lo que quiera en la vida? Obviamente no, pero está claro que, igual que no usamos nada más que un pequeño porcentaje de nuestro cerebro, también lo es que utilizamos una mínima capacidad de nuestra libertad.

El determinismo ambiental

Muchos otros autores y corrientes filosóficas han desarrollado teorías que pretenden explicar que el ser humano *no es otra cosa* que un ser vivo condicionado por los factores externos, es decir, por lo ambiental. B. F. Skinner, basándose en los experimentos realizados con los perros por Iván Pávlov, planteó que el ser humano solo respondía a condicionamientos previos. Y esa teoría encierra una gran verdad. Desde que nacemos se nos hace reaccionar de una determinada manera (con asombro, deseo, vergüenza o culpa) ante una circunstancia concreta. Y esa manera de reaccionar, modulada por el estilo educativo y parental, puede ser tan íntima y personal que nos cuesta Dios y ayuda desprendernos de ella cuando nos hace daño o nos quita la paz.

Podríamos decir que el capitalismo ha aprendido la lección conductista y comportamental, y por eso aturulla nuestros sentidos mediante complicadas y efectivas campañas de marketing (que en no pocas ocasiones están basadas en un profundo conocimiento de cómo funcionan los circuitos neuronales) e incrementa hasta el infinito nuestra necesidad de nuevas e intensas sensaciones. Es lo que se define como «neuromarketing». Como en la canción del grupo Los Planetas «Nuevas sensaciones» solo queremos buscar «algo nuevo». Algo que nos narcotice y aísle de una realidad que no somos capaces de aceptar. Y así, como si fuéramos animales adiestrados, nos ponemos a salivar en cuanto nos someten a un estímulo alimentario o sexual dirigido a satisfacer nuestras más bajas pasiones. Pero esa fuerza publicitaria, por intensa que sea, no puede doblegar nuestra libertad. Para luchar contra ella basta con apagar el móvil y la televisión, saber que nos esclaviza y no obedecerla.

También Sigmund Freud, al descubrir el inconsciente, desarrolló la idea de que el ser humano *no es otra cosa* que una pobre marioneta manejada por una serie de complejos psicosexuales no resueltos. Qué duda cabe que Freud fue un genio que revolucionó el terreno de la psicología y la psiquiatría enseñándole al ser humano que mucho de lo que hace y siente se basa en mecanismos que desconoce. Pero que muchos de estos comportamientos nos condicionen no quiere decir, de ninguna de las maneras, que nos impidan ser libres. Al final, el psicoanalizado corre el riesgo de caer en la tentación de pensar que es el inconsciente el único que nos domina, que nos posee, que nos controla, que nos dice lo que tenemos que hacer. Y pensar así se convierte en la peor de las esclavitudes, en una negación radical de nuestra libertad individual. Como bien señala el psiquiatra Viktor Frankl, el garrafal error de Freud fue interpretar al hombre desde abajo, atribuyendo una importancia desmesurada a lo instintivo y ese reduccionismo nos mata. El hombre tiene instintos, pero sus instintos no le tienen a él.

Permítanme que cite a la escritora italiana Natalia

Ginzburg, quien en su libro autobiográfico *Las pequeñas virtudes* dice lo siguiente: «Quienes hemos ido a que nos psicoanalicen sabemos bien que aquella atmósfera de efímera libertad de la que se gozaba al vivir según nuestro puro placer era una atmósfera enrarecida, no natural, en definitiva, irrespirable». Y ese es, en mi experiencia, el fatal aroma que desprenden muchas de las personas que se han psicoanalizado. Lejos de romper con las amarras de sus defectos y preocupaciones emocionales, encuentran una excusa a la que agarrarse. Un comodín del público que les permite justificar su malestar y perpetuar su manera de funcionar. Espero que nadie se enfade si concluyo afirmando que todo el mundo sabe que Argentina es el país del mundo donde el psicoanálisis está más enraizado (se cuenta que las obras completas de los psicoanalistas más conocidos pueden encontrarse en cualquier quiosco de Buenos Aires), ustedes juzgarán si es el país más sano mentalmente y menos neurótico del mundo.

En definitiva, todas estas teorías, y muchas más que no tenemos tiempo de exponer ni discutir, lo único que hacen es decir algunas verdades, pero no nos cuentan toda la verdad. Pretenden mostrarnos cuál es la imagen que se oculta en el puzle, pero dándonos solo un par de piezas sueltas. Y al hacer esto cometen un crimen de una gran crueldad. Son miles de millones las personas que creen que su destino ya está escrito, sea en las estrellas, en su signo del zodiaco, en tener una determinada personalidad que se coció a fuego lento debido a la relación que tuvieron con su madre o en una configuración concreta de su ARN mensajero. Y esa forma de pensar los condena. Les hace creer que es imposible cambiar. O que es demasiado complejo hacerlo. O que tendrían que dedicar más de media vida (el que empieza a psicoanalizarse corre el peligro de no acabar nunca) a conocer todos y cada uno de los mecanismos de defensa que los dominan.

Créanme: las cosas son mucho más sencillas. Algunas de las respuestas automáticas que damos en el día a día pueden ser explicadas por determinadas corrientes biológicas, evolucionistas o psicoanalíticas, pero lo que somos de verdad, nuestra más profunda mismidad jamás encajará en un esquema tan simplista. Para saber lo que somos y cambiar nuestra vida basta con tomar conciencia de ello y empezar a espabilar.

Superando el determinismo: el ejemplo del póquer

Tengo la suerte de pertenecer a una gran familia. Tanto por la parte materna como por la paterna tengo decenas de primos y tíos. Y entre todos ellos hay un gran grupo a los que les apasiona jugar al póquer. Son míticas las partidas que organizamos en Navidad. Para quienes les interese el tema les recomiendo que lean el ensayo *El gran farol*, de Maria Konnikova, una autora norteamericana de origen ruso que se propuso desentrañar los misterios de un juego tan apasionante como es el póquer. Una de las principales conclusiones a las que llegó es que, en un porcentaje nada desdeñable de manos, las partidas terminan sin que los jugadores tengan que enseñar las cartas. Es decir, que podemos ganar (o perder) con independencia de la mano que nos haya tocado. Lo importante no son las cartas, sino lo que haces con ellas. Ya hace muchos siglos Baltasar Gracián, en su célebre obra *Oráculo manual y arte de prudencia*, también elogia dichos juegos abordando el mundo como un ámbito incierto, impredecible y turbulento para la vida humana. Y los filósofos españoles Miguel de Unamuno y José Ortega y Gasset consideraron que, aunque la fortuna dispone, el hombre propone.

Esta visión del mundo encierra un gran optimismo y nos permite liberarnos de las pesadas cadenas del determinismo. Es evidente que si nos han tocado malas cartas nuestras probabilidades de éxito menguan (por eso es absurdo, injusto y completamente frustrante afirmar aquello de que en la vida «No hay nada imposible»). En la ley del azar promulgada por el pensador Pascal: si repetimos un acto al azar los posibles resultados se compensan entre ellos, o lo que es lo mismo, si al final nos empeñamos libremente en buscar una meta final la influencia del azar pasa a ser menor, casi insignificante. Por eso es tan habitual que en esta vida los únicos que hablen de la suerte son los que tienen *mala suerte*. El perdedor suele quejarse de que le tocaron malas cartas, de que el profesor no sabía explicar, de que sus padres no lo quisieron lo suficiente y de que el árbitro siempre le pita en contra.

Nuevas excusas que pretenden eximirnos de asumir nuestra responsabilidad. Para ejercer la libertad debemos aprender a jugar al póquer, es decir, debemos aprender a sacarle el máximo partido a las cartas que nos ha repartido el crupier. Dejemos a un lado el lamento cansino de la mala suerte. Son muchos los que dicen que mentar la mala suerte equivale a atraerla y la vida nos demuestra que suele ser así. Contamos con lo que contamos. No hemos elegido a nuestros padres ni el lugar en el que hemos nacido ni nuestra específica constitución biológica. Somos como somos. Venimos de donde venimos. Y no lo podemos cambiar. Pero lo que sí que podemos hacer es aceptarlo (lo que no quiere decir resignarnos) y actuar en consecuencia.

Como me explicó un primo mío, Pablo Rojas, jugador profesional de póquer, la experiencia con este juego te demuestra que solo gana el virtuoso: el que no se lo cree cuando gana, el mismo que no se hunde cuando pierde. El que es capaz de hacerle ver al rival que es mucho mejor de lo que realmente es. El que *engaña* a los demás con el noble arte de la seducción. El que confía en sí mismo. El que calcula mentalmente las probabilidades que tiene de ganar. El que es disciplinado. El que tiene una estrategia predefinida. El que sabe a dónde va. En definitiva, el que sabe jugar. Atractivo, ¿verdad? Pues miren de nuevo sus cartas, vean cuántas fichas les quedan y que no les tiemble el pulso cuando la vida les proponga tener que apostar.

El ser humano, a diferencia de los animales, puede y debe ser libre

Comparar a los seres humanos con los animales o plantear que solo somos un animal que tuvo la gran suerte de evolucionar un poco más es hacerle un flaco favor al ser humano y una manera bastante frecuente, además de falsa y burda, de negarle su libertad. Me viene a la memoria la famosa fábula de la rana y el escorpión. Básicamente el escorpión le propone a la rana que le lleve sobre sus hombros y que le ayude a cruzar el río. Al principio la rana se niega: «No soy tonta. Si lo hago me matarás». Pero el escorpión consigue convencerla: «No soy tan estúpido. Si te pico nos arrastrará la corriente y moriremos los dos». Al final la rana se fía del escorpión y empieza a cruzar el río con ella encima, pero a mitad de trayecto comprueba con horror que el escorpión le ha picado y que ambos están abocados a morir ahogados. El escorpión se excusa como puede: «Lo siento en el alma, no he podido evitarlo, lo llevo en mi naturaleza».

Algo parecido aparece en la película de Disney *Bambi*. En ella unos animales humanizados empiezan a ponerse en celo porque ha llegado la primavera. Bambi se ríe de todos ellos: «A mí no me pasará». Pero al final no puede evitarlo. También él caerá: lo tiene en su interior. En sus genes. El mensaje puede ser bastante pernicioso. Tú también te verás dominado por el instinto sexual. Tú también caerás. Por mucho que te esfuerces no podrás evitarlo. Tienes un escorpión en tu interior. Acéptalo cuanto antes.

No somos otra cosa que animales evolucionados incapaces de desprendernos de nuestros condicionantes internos. Nuestros instintos son indomesticables, nos dominan con mano de hierro. Llevan las riendas de nuestra vida con la misma fuerza con la que el jinete controla a su caballo.

Pero nuevamente la realidad es terca y nos enseña lo contrario. El ser humano, a diferencia de cualquier animal, es el único ser vivo capaz de sublimar su instinto sexual buscando un bien mayor. El hambre, la sed y el sueño son precisos para subsistir, pero no controlan nuestra vida con tanta fuerza. Los padres son capaces de sacrificarse y reducir su apetito con tal de que lo satisfagan sus hijos, mientras que la madre hámster no tiene ningún problema moral por devorar a sus hijos cuando le aprieta el hambre. Es curioso, pero cuanto más comparamos a los seres humanos con los animales más lo animalizamos. Está claro que tratar a los animales con crueldad e infligirles daño por el mero hecho de que nos creemos superiores a ellos es un acto de profunda inhumanidad, pero darles unos derechos que no tienen, tratarlos como lo que no son, como si fueran humanos, solo sirve para que el ser humano pierda su dignidad. Es fácil comprobar cómo una sociedad que pone encima de la mesa los derechos de los animales es la misma que luego se atreve a tratar a la humanidad como si tuvieran menos dignidad que el más evolucionado de los animales.

Se mire por donde se mire, se pongan los demás como se pongan, el animal es infinitamente inferior al ser humano, entre otras muchas razones porque jamás podrá ser libre. Los animales, a diferencia de los seres humanos, no pueden librarse de sus instintos. Nosotros podremos condicionarlos (como a los perros de Pávlov) enseñándole al delfín que, cuanto mejor sea su cabriola, más grande será la sardina que le dará su entrenador. Pero el entrenamiento no podrá ir más allá. Los animales no están dotados de un lenguaje complejo, no podrán relacionarse entre ellos nada más que mediante algunos sonidos guturales de una gran simplicidad. Los animales no tienen historia ni memoria, jamás escribirán nada y, por tanto, no pueden transmitir conocimientos de una generación a otra. Solo transmiten genes evolucionados y poco más. Por eso es tan sumamente aburrido (creo que todos tenemos esa experiencia de siesta) ver reportajes de naturaleza. El comportamiento animal es sumamente previsible y, contemplado una vez, las siguientes solo puede repetirse. La leona siempre intentará devorar a la cebra y el chimpancé se vuelve medio loco si no es capaz de copular con su hembra.

El animal, pese a tener alma, jamás se dará cuenta de ello y nunca se hará a sí mismo la trascendental pregunta de si ha sido o no creado. Tampoco sabe que es mortal (solo el ser humano es consciente de que lo es) y por eso nunca enterrará a sus muertos ni dedicará homenajes a sus ancestros. La existencia de los animales es maravillosa, sacamos de ellos todo tipo de materias primas y en no pocas ocasiones son un bálsamo maravilloso para enfrentarnos al miedo y a la soledad; además, estamos en los albores de determinadas corrientes terapéuticas que han demostrado lo mucho que puede hacer un caballo o un delfín a la hora de mejorar el pronóstico de algunas enfermedades humanas. Pero poco más. Esto no tendrá más recorrido. En ese sentido los animales son muy superiores a las plantas. Tienen determinados tics, gestos o comportamientos que se *parecen* a los humanos pero que *no lo son*. Todos los seres humanos, frente a los animales, somos radicalmente diferentes. Individuales y distintos. Mientras que los animales son indistinguibles, infinitamente parecidos entre sí.

En ese sentido los animales son un ejemplo perfecto para superar cualquier tipo de determinismo biológico o ambiental. Si el ser humano no fuera libre se comportaría como un animal. Y es bien cierto que el ser humano, en ocasiones contadas, se conduce mucho peor que un animal (solo hay que ver imágenes de guerras o de atentados terroristas o visitar un campo de concentración o de refugiados), pero eso no se debe a que el ser humano no sea libre (o a que sea peor que un animal), sino a que hace un mal uso de su libertad. Por eso el mal que hace el ser humano es tan escandaloso y nos produce tanto daño verlo. Nos comportamos mal cuando podríamos hacerlo bien. El animal es muy distinto. Ninguno de ellos podrá ser condenado por nada por el mero hecho de que un animal *jamás* podrá hacer el mal; simplemente, no está capacitado para ello. El animal no hace nada que sea moral o inmoral. Sus conductas son automáticas, predeterminadas e impulsivas, y no conllevan ningún tipo de reflexión previa. Solo puede seguir un único camino y no tiene ningún tipo de dominio sobre su existencia. No ha sido diseñado para ser libre.

Con demasiada frecuencia nos vemos obligados a escuchar que «el hombre tiene una parte animal de la que no se puede librar». Yo siempre pienso lo mismo: «Habla por ti».

Cuando vemos un animal que ha alcanzado la mejor de sus condiciones físicas —la cría de caballos de carreras sería un buen ejemplo—, ha sido así porque el ser humano le ha conducido a ello. No ha sido una elección libre ni deseada. No le ha quedado más remedio. Pero nosotros somos bien distintos. Un pez que vive en una pecera se tirará toda la vida pegado al cristal intentando buscar la salida, pero nunca sabrá que vive encerrado, que es imposible que pueda escapar. También muchas personas viven encerradas en la pecera de su psique, dominados por sus malos instintos, sin saber cómo salir del laberinto donde se encuentran metidos. Seamos conscientes de esa jaula. Rompamos el cerrojo de la cárcel que nos impide ser libres. Librémonos de la falsa teoría que dice que nadie puede cambiar.

Cómo educar en la libertad

Los que tenemos muchos hijos sabemos que, a pesar de que hemos hecho esfuerzos por educarlos igual, esto no ha sido posible y, de hecho, cada uno no ha vivido ni vive las mismas circunstancias. Cada hijo es diferente. Cada hijo viene con un pan debajo del brazo, pero ese pan no es igual de grande, ni tiene el mismo sabor ni ha sido horneado de la misma manera. Cada hijo es libre a su modo y toma decisiones distintas. Este es un ejemplo claro a través del cual vemos cómo los genes, asociados a la educación y el apego recibidos, configuran el carácter y la personalidad de forma radicalmente distinta.

Como dice Stephen Covey: «No soy producto de mis circunstancias, soy producto de mis decisiones». Y nosotros, como padres y educadores, no podemos, ni debemos, caer en la tentación de elegir por ellos. Cuando son bebés, no tienen capacidad de decisión y somos nosotros los que tenemos la obligación de alimentarlos y darles el imprescindible sustento que necesitan para sobrevivir, pero luego, conforme maduran, debemos ir mostrándoles el buen camino (pero no arrastrarlos por él). Si los teledirigimos como si fueran coches, corremos el riesgo de inutilizarlos, de llenarlos de complejos de culpa e inferioridad. De no dotarlos de una sana autoestima. De hacerles creer que no deben fiarse nunca ni de sí mismos ni de su criterio.

Educar la libertad es como enseñar a esquiar. Los que vivimos en Granada gozamos de la gran suerte de tener una estación de esquí a tiro de piedra. Y lo más duro de aprender a esquiar son los inicios. Cuando se empieza se tiene un miedo atroz a las caídas. No se sabe cómo avanzar, ni tampoco cómo acelerar y frenar, o cómo girar. Y esa sensación produce una gran indefensión. Es normal ver que el principiante no para de caerse precisamente por el miedo que tiene a hacerlo. No se suelta. No se lanza. No confía en sí mismo. No sabe por dónde tirar. Y ese temor le apabulla sobremanera y hace que acabe dándose de bruces contra el suelo.

Qué duda cabe que el estilo sobreprotector que impera en nuestra sociedad genera hijos débiles. Inmaduros. Egocéntricos. Narcisistas. Profundamente infelices. Incapacitados para amar y comprometerse. Para tener la ambición de embarcarse sin miedo en empresas mayores. Nosotros, como padres, debemos de formar su conciencia. Enseñarles cómo deben buscar el bien y evitar el mal. Y esto se consigue mucho más con el ejemplo que con los sermones. Nuestros hijos raramente hacen lo que les decimos, sino lo que les hemos enseñado a hacer. No hay mejor educación que la que se basa en el ejemplo. Los mejores maestros son aquellos a los que nos gustaría parecernos: nos gustaría *ser como ellos*. Cuando nos exigimos algo a nosotros mismos es mucho más fácil, y mil veces más coherente, hacer lo mismo con los demás. No hay otra opción que predicar con el ejemplo. Un padre sincero, una madre ordenada y una familia estructurada son el mejor marco de educación posible para que el hijo alcance su máxima libertad. De esta manera entendemos por qué nuestros hijos no nos hacen ni caso con tanta frecuencia. Sus debilidades son el fruto más amargo de nuestras incoherencias.

Y también cabe señalar que, si por el motivo que sea, una persona no ha tenido la suerte de nacer en un hogar así no pasa nada. El ser humano está diseñado para poder redimirse y cambiar. Para encontrar la verdad por su cuenta, aunque es obvio que si la conocemos desde pequeños gozamos ya de la suerte de tener mucho recorrido.

¿Queremos que nuestros hijos sean libres? Pues no los carguemos con pesadas cadenas que solo servirán para generar sujetos aplastados por el miedo. No debemos quedarnos en el rigor normativo. En fijar reglas tan estrictas como caprichosas. Un buen profesor de música es aquel que enseña al alumno a interpretar de forma correcta (que no obsesiva ni meticulosa) la mejor de las melodías. Si no somos creativos en el ámbito educativo podemos cometer el error de ser demasiado rígidos. De quedarnos anclados a la norma y no al sentido de esta. No podemos obligar a nadie a ser bueno. Y si le exigimos que lo sea lo quebraremos por la mitad. Me viene a la memoria la historia de unos padres que tenían un hijo muy bueno. Excesivamente bueno. Alguien sin mácula. Buen estudiante. Buen lector. Amable y educado. Profundamente servicial. Pero cuando fue a estudiar a una universidad de otra ciudad se volvió medio loco. Alcohol, drogas, excesos. Era un hijo que no había sido educado en la libertad, sino en la coartación de ella. Le habían explicado hasta la saciedad en *qué* consistía ser bueno, pero nadie le había dicho *por qué* debía serlo. Si nuestros hijos solo hacen las cosas bien para intentar agradarnos, o para alcanzar un determinado premio o prebenda, más pronto que tarde dejarán de comportarse así. Ese es el peligro que tiene castigar el mal con excesiva vehemencia o premiar el bien con demasiada generosidad. Para poder elegir el bien, es justo reconocerlo, nuestro hijo también debe tener la posibilidad de hacer el mal.

De poco servirá esa manera de actuar para educar a nuestros hijos en la libertad. Debemos enseñarles algo más profundo, auténtico y verdadero. Cuando hacemos el bien somos más libres, cuando hacemos el mal nos condenamos. Somos nosotros, y solo nosotros, quienes viviremos en nuestras propias carnes la consecuencia de tal o cual actuación. Y yo, como padre, lo pasaré mal al ver sufrir a mi hijo, pero eso no es lo importante. Lo importante es que seamos nosotros quienes tomemos las riendas de nuestra vida, los que disfrutemos, o suframos, por lo acertado o equivocado del uso que hagamos de nuestra libertad.

Tampoco seamos tan torpes y malvados como para pensar que nuestros hijos deben ser libres encontrando la verdad por su cuenta. Obrar así es un acto de una gran crueldad. Los padres tenemos la gran suerte de haber andado un largo recorrido previo. Ya nos hemos equivocado mil veces antes. Ya hemos aprendido la lección, a veces de forma bastante cruel y no sin grandes dosis de dolor y sufrimiento. Contémosles nuestra vida. Expliquémosles cómo tuvimos que enfrentarnos a nuestros propios retos. La tradición oral europea ha cristalizado en un sinfín de fábulas, parábolas y cuentos infantiles. Es ahí donde reside gran parte de lo que un hijo debería saber para librar sus propias batallas. Dotémosles de la mejor de las armas. Esa que nos da la cultura y el arte.

Si no lo hacemos, podemos acabar obligando a nuestros hijos a caer en la indefensión aprendida. Básicamente es lo que le pasa a aquellos que se han enfrentado a un determinado reto y han fracasado. Al hacerlo creen que siempre será igual, que en el futuro les resultará imposible

poder superar aquello que tanto les cuesta. Hay un célebre cuento llamado «El elefante encadenado», de Jorge
Bucay, en el que un elefante, cuando es una cría, es amarrado a un árbol pequeño. El pobre hace todo tipo de intentos por liberarse, pero no es capaz. Luego, muchos años
después, a pesar de tener mucho más peso y más fuerza ya
no intenta romper el árbol. Ha acabado por creer que es
imposible. Lo mismo nos pasa a nosotros tantas veces. Nos
vemos amarrados a algo que en realidad es fácil de vencer,
pero como nunca lo hemos conseguido, o lo que es peor,
como *nunca nos han enseñado a hacerlo*, nos vemos derrotados de antemano, incapaces de saltar una valla que siempre nos parece demasiado alta. Ahora entendemos por
qué nos entra el miedo escénico con tanta frecuencia. Por qué
hay equipos de fútbol que salen al terreno de juego derrotados de antemano.

Nuestra apasionante capacidad de elección

Podríamos concluir este capítulo afirmando que el ser humano está condicionado por todo tipo de factores internos y externos: sus genes, su herencia, su psique, la relación con sus padres (muy especialmente con su madre), su
acceso a la cultura, su posición económica y social, sus
valores, su formación religiosa y espiritual, y un largo et-
cétera. Pero ¿es eso una persona? ¿Solo eso? ¿Está nuestra
libertad tan condicionada como creemos? No, está claro
que somos algo más. Somos mucho más.

Como ha explicado de forma brillante Viktor Frankl, frente a la herencia (el biologicismo) y el ambiente (el psicologismo o el sociologismo) la libertad es el vector, el tercer factor que puede explicar por qué somos como somos. Las decisiones que tomamos en la vida son mucho más importantes que nuestros genes o los condicionantes externos. La libertad es la capacidad que tengo para decidir sobre mí mismo o, dicho con palabras del citado autor, «el hombre es capaz de determinarse a sí mismo»; el ser humano es el único ser vivo capaz de ejercer la libertad, capaz de superar cualquier tipo de determinismo.

Mientras preparaba este libro, me encontré con la novela *4321*, de Paul Auster. Alabo la valentía que ha tenido de escribir un argumento tan ambicioso. En esta obra se nos cuenta la historia del mismo personaje, Archibald Isaac Ferguson, desde su nacimiento hasta los veinte años de edad. Lo interesante de este libro es que explica algo que nos parece obvio: determinadas decisiones del día a día, aparentemente sin importancia, pueden modificar nuestra existencia para siempre. En esta novela el destino del mismo protagonista cambia ostensiblemente al tirar por otro camino en estas pequeñas elecciones. Y creo que esas decisiones no tienen tanto que ver con el azar, sino con la voluntad.

La dignidad del ser humano, y por ende su libertad, no viene condicionada por factores externos y así, en este sentido, es quien descubre esto, el hombre incondicionado, el que se libera de lo exterior, el que no vive angustiado ni preocupado por lo que le apesadumbra, ni por las buenas o malas cartas que le hayan tocado. Un preso que cumple cadena perpetua, un enfermo en silla de ruedas o una persona aquejada de una discapacidad psíquica o intelectual pueden alcanzar las más altas cotas de libertad. Un ejemplo magistral lo tenemos en la célebre obra *El hombre en busca de sentido* del imprescindible —y ya mencionado varias veces en este libro— Viktor Frankl. A pesar de estar encerrado entre cuatro paredes y ser sometido a las más brutales humillaciones, el ser humano puede ser libre. Puede alcanzar su dignidad. De hecho, todo aquello que nos condiciona externamente no es lo más importante, hay cosas que nos pueden hacer mucho más daño que el cuchillo o la espada. O dicho con palabras de Jesucristo: «No os preocupéis por lo que mata el cuerpo, sino por lo que mata el alma».

Por tanto, no seamos tan tontos ni tan pardillos como para hacernos trampas jugando al solitario. Dejemos de inventar teorías tan parciales como falsas. Todas ellas solo pueden deberse al pánico inconsciente que tenemos a ejercer nuestra libertad. El ser humano es libre, no siempre ni en todo momento ni de todas las maneras posibles, pero sí para aquello que más nos importa, para eso que merece realmente la pena. Al final resulta que el biologicismo, el psicologismo, el sociologismo y cualquier otra forma de determinismo no son más que teorías fatalistas y liberticidas que ponen demasiado acento en el no (en lo que nos determina y condiciona) y muy poco en el sí (en lo que nos cambia y nos libera).

Fuimos, somos y seremos libres. De hecho, siempre lo

somos, incluso a pesar de que hayamos renunciado a serlo. Aceptar esta realidad forma parte del juego. Obrar en consecuencia supone reconocer que tenemos la suficiente valentía como para ir a buscar el capote y lanzarnos a coger el toro por los cuernos, dar un paso al frente, explotar las posibilidades, aceptar el impresionante reto de perder el miedo a ejercer la libertad.

3

EL HOMBRE LIBRE NO ESTÁ TRISTE, NO ES ADICTO Y NO ES VIOLENTO

Pienso que es un hombre esencialmente libre, si podemos llamar libre a alguien esclavo de sus deseos.

James SALTER, *Todo lo que hay*

La persona, cuando es libre, busca aquello que le libera

Ya hemos visto en el primer capítulo cómo alcanzar la libertad consiste en buscar lo que nos conviene, lo que es bueno para nosotros y para los que nos rodean. En definitiva, en buscar lo que nos libera. Ahí radica uno de los principales problemas con los que tiene que enfrentarse el ser humano. Nadie hace el mal aposta. Nadie busca hacer algo que sabe que puede perjudicarle. Más bien sucede al contrario; hacemos el mal sin querer, sin caer en la cuenta ni ser conscientes del daño que nos producen determinadas acciones. Por tanto, si queremos ser libres primero tenemos que educar nuestros deseos y saber qué es lo que realmente nos conviene.

Cuántos miles de personas, escritores y filósofos escriben un libro explicándonos con detenimiento qué fue aquello que descubrieron. El cambio de sus vidas. La caída del caballo. Esas transformaciones existenciales que tanto bien les hicieron. El descubrimiento de que debemos evitar seguir haciendo eso que nos gusta pero que, a la vez, nos hace tanto daño. Hace falta ser humilde para darse cuenta de ello. Y hace falta ser muy torpe para no bajarse del burro, para seguir erre que erre, sin reconocer lo que es más que evidente.

El ser humano tiende de manera innata a huir de todo aquello que le produce dolor y sufrimiento. A evitar a toda costa aquello que le incomoda. Esta es la primera idea errónea a la que tenemos que enfrentarnos. Déjenme que lo explique con una cita de C. S. Lewis, de su libro *El problema del dolor*: «Si tratáramos de excluir el sufrimiento, o la posibilidad de sufrimiento que acarrea el orden natural y la existencia de voluntades libres, descubriríamos que para lograrlo sería preciso suprimir la vida misma». Es decir, que si evitáramos toda fuente de dolor acabaríamos por no vivir la vida. Pensemos en las vidas de todos aquellos que nos rodean, en nuestra propia vida. ¿Cuántas veces hemos renunciado a un bien mayor por abrazar el bien inmediato de aquello que nos apetece? Cuando dijimos que no a esa oportunidad laboral que implicaba mayores dosis de esfuerzo, cuando optamos por no ser padres porque no queríamos comprometernos en ese proyecto que nos iba a consumir tiempo, cuando preferimos seguir tumbados en la hamaca de nuestro hedonismo antes que comprometernos con aquello que sabíamos que iba a hacernos tanto bien, a nosotros y a nuestros semejantes.

El mundo está lleno de paradojas y una de ellas es que, si no optamos por elegir lo bueno o, dicho de otra manera, si solo nos empeñamos en evitar lo que puede generarnos daño, al final nos meteremos más y más adentro de nuestro mundo empequeñecido. Seremos como un caracol que cree que la salida de su caparazón está en refugiarse más al fondo de su cubículo. Hagamos un ejercicio de introspección, pensemos en todas esas veces en las que optar por lo fácil nos complicó la vida; elegirnos a nosotros mismos, justo es reconocerlo, es incompatible con escoger a los demás. Por eso el que inicia el camino del egoísmo acabará refugiado en la celda de la soledad.

A continuación, enumeraremos brevemente cuáles son los frutos de una correcta elección en nuestras vidas: la alegría, el comportamiento libre y la paz.

La persona libre puede decidir estar siempre alegre

Pocos temas llenan más las estanterías de las librerías modernas que el de cómo alcanzar la alegría y la felicidad. En un libro anterior, *La belleza de vivir*, expuse con detalle cómo el ser humano puede poner las bases para encontrar la auténtica felicidad. Ahora me limitaré a decir que el ser humano, cuando es libre de verdad, raramente cae en las aguas amargas de la tristeza y la infelicidad.

Cuando hablo de tristeza no me refiero a la enfermedad. Hay personas que tienen una tendencia a la depresión y esta es una enfermedad muy compleja con múltiples causas que no siempre pueden controlarse mediante el ejercicio adecuado de nuestra libertad. Pero sí que podemos poner en marcha algunas estrategias que nos permitan prevenir el desánimo y la apatía. El ser humano libre puede, y debe, optar por la alegría. No dedicar tiempo a temas que solo servirán para revolcarnos en el pesimismo y la desdicha.

Pongamos algunos ejemplos prácticos. Como psiquiatra atiendo a centenares de pacientes que lo están pasando francamente mal, que desean todos los días la muerte y que incluso, en algunos casos, directamente se la provocan. Tras la pandemia de COVID, las cifras de suicidio han subido en toda España, especialmente entre los adolescentes. Si en los momentos de descanso, cuando estoy disfrutando de un buen rato en familia, me pongo a pensar en cómo se encuentran esas personas que tanto sufren seguramente abriré la puerta mental que me llevará a la preocupación por los demás. ¿Cómo estará este paciente? ¿Se habrá recuperado o seguirá angustiado? Mi familia notará inmediatamente que tengo la cabeza en otra parte. Solo conseguiré que la ansiedad me atenace y, lo peor de todo, es que eso no servirá para que aquellas personas que sé que están sufriendo estén mejor.

Pongamos otro ejemplo. Todas las personas, por el mero hecho de existir, tenemos miles de recuerdos que nos incomodan. La novia o novio que nos dejó, el socio que nos traicionó, el problemón familiar que nos generó el reparto de la herencia, los mil y un conflictos laborales que nos amargan el día a día. Debemos identificar nuestra tendencia a ser como los rumiantes, como esas vacas que regurgitan lo que han comido y vuelven a masticarlo una y otra vez. ¡Cuántas miles de personas he encontrado a lo largo de mi vida que son adictas al desahogo! ¿Nos sirve para algo volver a recordar por millonésima vez esa inversión económica que acabó en fracaso, esa decisión familiar que culminó en tragedia? Sí, seguramente permitirá que la bacteria del desánimo colonice nuestro cerebro.

Más adelante, en el séptimo capítulo, ofreceremos algunas pautas para explicar cómo podemos conseguir un mayor dominio de nuestros pensamientos y nos daremos cuenta de que, si queremos alcanzar la verdadera alegría, no podemos pensar lo que nos dé la gana. Por difícil que parezca, hay que descubrir que no es imposible ejercer un mayor control de nuestros pensamientos. Es decir, si queremos estar alegres debemos optar conscientemente por la alegría. Tenemos que pensar en aquello que nos alegra el día a nosotros y a los demás, en aquello que nos alegra la vida.

Créanme: es así, la alegría puede convertirse en una opción elegible. En uno de los frutos que aparecen cuando hacemos un correcto uso de nuestra libertad. Algunos me dirán que no pueden evitar pensar en algo, que son incapaces de mantener la mente en blanco. Pero no se trata de no pensar en nada, sino de pensar bien. Llenemos nuestra vida de estímulos positivos. Por poner un caso, normalmente en el salvapantallas del móvil o del portátil solemos poner una foto que nos motiva: una playa, un paisaje, una situación que nos hace sentir una gran alegría. Normalmente llenamos nuestra casa de recuerdos de los buenos momentos. Nadie se hace un selfi con el muerto cuando asiste a un funeral. Nadie es tan tonto como para beberse todos los días un trago que contenga el veneno amargo de la desdicha.

Recuerdo que, cuando era estudiante de Medicina, hice unas prácticas en traumatología y el médico a cargo me dijo una frase tan simple como verdadera: «Hay que decirle al paciente que si le duele la pierna no la mueva». Y de la misma manera podemos actuar nosotros. Si hay un determinado tema de conversación que nos entristece hagamos todo lo posible por no menearlo. Por no removerlo. Por no sacarlo a colación todos los días y a cada momento. Olvidémonos de esas cosas que no nos ayudan, digámos a aquellos que nos rodean que, a partir de ahora, vamos a evitar recordar lo malo, que no volveremos a sacar a relucir eso que tanto nos incomoda. No llenemos nuestra vida y nuestras conversaciones de recuerdos vanos. Así descubriremos que todo ello depende de nuestra libertad mucho más de lo que parece. Decidir de qué queremos y debemos hablar es una elección que está en nuestras manos.

Las personas libres siempre hacen lo que les da la gana

Al comienzo de este libro señalábamos que ser libre no consiste en hacer lo que más nos apetece en cada momento. Son muchos los filósofos y pensadores que han planteado algunas definiciones que van por esa línea y que pueden malinterpretarse fácilmente. Voltaire: «Cuando hago lo que yo quiero hacer: en eso estriba mi libertad». Leibniz: «La libertad consiste en la capacidad de hacer lo que uno quiere hacer». Y terminemos con Marx: «Libertad es hacer una cosa hoy y la contraria mañana: cazar por la mañana, pescar por la tarde, cuidar los terneros al atardecer y criticar en la sobremesa de la cena lo que me apetezca». Hacer lo que yo quiero hacer. Todo eso está muy bien, pero ser libre no consiste en hacer lo que me apetece en cada momento, sino en hacer algo bueno.

¿Por qué digo entonces en el título del apartado que las personas libres siempre hacen lo que les da la gana? Pues porque cuando una persona ha sido bien educada consigue que lo que le dé la gana hacer sea el bien. Es decir, que puede ser libre sin mucho esfuerzo. Ese es otro de los frutos de la verdadera libertad y lo veremos con detalle en el próximo capítulo.

Sin embargo, ahora me gustaría detenerme a hablar de las adicciones. Creo que todos coincidiremos en que el adicto ha perdido su libertad a base de hacer un mal uso de ella. El que tiene un problema de consumo de alcohol, de juego patológico o de compras compulsivas no puede hacer lo que quiere, lo que le da la gana. Solo puede comportarse siguiendo lo que le dicta el caprichoso tirano que le gobierna por dentro.

¡Cuántos pacientes he tenido que atender por este motivo! Debemos señalar que la neurociencia nos muestra que los trastornos por abusos de sustancias tienen un correlato biológico mucho mayor del que creíamos. Consumir drogas no debe nunca reducirse a un problema moral, ya que muchas personas tienen una tendencia natural a engancharse. Vemos esto porque, a la hora de hacer sus historias clínicas, comprobamos que hay un patrón de consumo heredado de padres a hijos. Todo el mundo tiene un contacto más o menos frecuente con el alcohol, pero solo un pequeño porcentaje de personas se hacen adictos. Sin embargo, dicho esto, aunque no podemos olvidar que tenemos genes, tampoco debemos pensar que solo somos genes. Si fuera así, ¿qué sentido tendría que alguien fuera a terapia psiquiátrica o psicológica? Los pacientes piden ayuda porque saben que pueden cambiar y los clínicos tenemos la grata experiencia de personas que superan su adicción, aunque también la de otros muchos que nunca la dejan. ¡Qué pena da encontrarse a un heroinómano que vive en la calle y cuya única razón de ser se reduce a chutarse una nueva dosis!

A la hora de pensar en las conductas adictivas no tiene que venirnos a la cabeza solo el drogadicto. En los últimos años observamos con estupor cómo no paran de crecer a nuestro alrededor otro tipo de conductas, aparentemente más inocuas y leves, que acaban produciendo problemas graves. Las hemos denominado «adicciones comportamentales». ¿Cuántos de nosotros somos incapaces de vivir sin mirar el móvil, sin comprar cuando las campañas publicitarias nos ordenan hacerlo? ¿Cuántos jóvenes y adultos han caído en las redes de los videojuegos, de las autolesiones, de los atracones de comida o de la adicción a la pornografía? ¿Cómo podemos evitar caer en dichas redes? ¿Cómo podemos defender con uñas y dientes el terreno de nuestra libertad?

Déjenme que les diga algo: cuando queremos evitar una determinada conducta que sabemos que nos hace daño (por ejemplo, fumar cannabis), corremos el peligro de centrar todos nuestros esfuerzos en esa única acción. Si yo citara al adolescente en mi consulta todas las semanas y me dedicara a interrogarle acerca de si fuma o no, de si ha recaído o no, de si se ha apartado de lo que le dije que tenía que evitar, corro el peligro de hacer que se obsesione con dichas acciones y de hacerle creer que eso es lo único importante en su vida. En cambio, si somos capaces de que esa persona se ilusione con algo más grande, más atractivo, más trascendente, el camino es más fácil. Quien se enamora de verdad de otra persona tendrá más fácil dejar de entrar en chats eróticos; quien se implica en el deporte será más consciente del daño que le hace la marihuana; quien se compromete con una ONG destinada a la solidaridad dejará de perder el tiempo jugando al póquer online. La solución no está tanto en rechazar algo que nos causa daño, sino en decir que sí a algo que nos hace crecer y madurar por dentro.

Por desgracia, en nuestra sociedad actual, dominada por

el chute de adrenalina y el subidón hormonal, caer en una determinada adicción es más fácil de lo que parece. Y sumergirse en esas arenas movedizas suele llevar a la desesperanza, a no ser capaz de salir de ese lugar. Para combatir dicha idea debemos ser realistas, ponernos metas asequibles y tener un plan. Empecemos poco a poco y pongámonos como objetivo prioritario crecer en libertad.

Autocrecimiento personal: más allá de nuestra zona de confort

De un tiempo a esta parte ha crecido mucho un concepto que más de uno debe de estar ya cansado de escuchar: debemos salir de nuestra zona de confort.

Si queremos crecer de verdad, no podemos limitarnos a hacer algo diferente, a cambiar de actividad, de trabajo o de ocupación. Raramente los cambios radicales sirven para algo. Al contrario, las personas nos expansionamos poco a poco, como una mancha de aceite que cada vez ocupa más espacio. El ejemplo clásico sería el de aquella persona que empieza a hacer deporte. Al principio le cuesta la misma vida practicarlo y es incapaz de correr más que unos pocos kilómetros, pero luego, con tesón y esfuerzo, consigue avanzar más y más. Cada vez con menos esfuerzo. Va ganando en libertad. Va soltando lastre, liberándose de aquellas cosas que creía que jamás sería capaz de quitarse de encima.

Muchos de los lectores pensarán que no tienen ningunas

ganas de apuntarse a un gimnasio y de empezar a correr todas las mañanas. No se preocupen. No hace ninguna falta. Vayamos a algo más importante. ¿Cuál es el defecto que menos le gusta de usted mismo? ¿Qué es eso que cree que nunca va a poder hacer? Enfrentarse a lo que no nos gusta de nosotros mismos es clave para crecer. De la misma manera que, a nuestros hijos, les animamos a que sean mejores, nosotros, en nuestras vidas, debemos comer un poco más de lo que no nos gusta. Hacer aquello que peor se nos da. Es un planteamiento que puede sonar como demasiado duro o estoico, pero no es así. Es como subir una cuesta, nada más coger altura todo se ve más fácil.

Muchos adultos viven encadenados a miles de miedos y complejos que serían capaces de superar con mucho menos esfuerzo del que creen. En mi vida he tratado a mucha gente por este tipo de complejos. Los motivos suelen ser casi siempre los mismos: miedo a hablar en público, a subirse a un avión o a un ascensor, a conducir, a ligar, a hablar en inglés. La mayoría de las veces no consiguen hacer algo que ni siquiera han intentado. Antes de comenzar la partida ya han salido derrotados. Mi consejo es que se enfrenten a esos temores y que pidan ayuda a alguien para que los siga durante unas semanas y puedan monitorizar así su mejoría.

Pocas satisfacciones mayores que aquellas personas que he tratado y han conseguido (pues siempre es el paciente el que mejora, los demás solo tenemos que intentar no estorbar) crecer. Todos terminan diciendo la misma frase: «Esto es mucho más fácil de lo que parece. Creía que nunca iba a ser capaz de conseguirlo». Lo único que hay que hacer es lograr que el paciente se lo crea. Y eso es lo más difícil. Tener mentalidad de victoria. Mentalidad ganadora. *Puedo porque pienso que puedo*: así se titula una película documental en la que Carolina Marín cuenta cómo ha sido capaz de convertirse en campeona del mundo de bádminton, un deporte con muy poca implantación en nuestro país e históricamente dominado por los países asiáticos.

Hace unos años me invitaron a dar una conferencia para un grupo de farmacéuticos. El evento contaba con la presencia de un grupo de motivadores que animaba a los participantes a caminar sobre brasas ardiendo. Cuando las vemos no podemos evitar pensar que es del todo imposible no salir con las plantas de los pies achicharradas, pero luego descubrimos con sorpresa que no es así, que no es para tanto. Y todos hemos tenido esa experiencia vital en la que hemos hecho algo que nos parecía imposible. Por ejemplo, en mi vida personal son muchos los que me interrogan acerca de cómo puedo sobrevivir en el mundo actual con una familia numerosa y créanme: es mucho más fácil de lo que parece. Solo hay que hacerlo. Es muy frecuente que me digan: «Me habría gustado tener más hijos, pero no me vi capacitado». Y ese «verse capacitado» es lo más subjetivo del mundo, pues normalmente el que cree que no va a poder algo ni siquiera lo intenta.

El ser humano vive demasiado encadenado a sus impulsos. A aquello que cree que no va a poder evitar. El impulso es aquello que nos gustaría evitar, pero que no somos capaces de hacer porque nos domina y nos controla. Y esa en la verdadera trampa en la que perdemos la mayor franja de libertad. No es que no quiera, es que no puedo. Esa es la moral del esclavo. Del que prefiere tener una vida atrofiada y simple en vez de luchar por vencer sus miedos.

Escribo este capítulo mientras oigo de fondo la célebre canción de Alaska y Dinarama *A quién le importa*, que dice así: «¿A quién le importa lo que yo haga? ¿A quién le importa lo que yo diga? Yo soy así, así seguiré, nunca cambiaré. Mi destino es el que yo elijo, el que yo decido para mí». Aunque suene muy bien y todos la hayamos cantado a voz en grito a altas horas de la madrugada en alguna boda, en realidad es una canción bastante acomodaticia, una excusa barata para no cambiar. Un falso himno a la libertad. El ser humano libre intenta cambiar, mejorar, luchar, vencer, enfrentarse a sus errores con valentía y prosperar. Quien pacta consigo mismo pierde, quien no va contra la corriente acaba despeñándose por el desfiladero de la desidia. ¡Cuántas vidas perdidas! ¡Cuántos cerebros atrofiados! ¡Cuántas personas que han evitado a todas horas acoger con sus manos el regalo que supone la vida!

Con frecuencia en la consulta he escuchado a muchas personas decir algo que me parece mucho más honesto y verdadero: «Mire usted, doctor, yo no pienso cambiar porque no me da la gana. A ver si mi familia se entera de una vez». Esa afirmación, siendo mala, al menos es verdadera; esas personas reconocen que deberían cambiar, pero en cambio pactan consigo mismo el peor de los armisticios, se niegan a librar la batalla contra sí mismas, renuncian de forma consciente a su libertad. Todos los esclavos dicen aquello de lo dejo cuando quiera, pero ellos mismos saben que no es verdad. En el terreno del crecimiento personal no tomar las decisiones ahora es dejarlas para cuando ya es demasiado tarde.

Todos tenemos miles de talentos ocultos que no sacamos a flote. Podríamos tocar un instrumento musical, hablar alemán o bailar bachata. No nos damos cuenta porque ni siquiera lo intentamos. Recuerdo que un amigo mío al que le dio por hacer pesas me dijo un día: «He descubierto que tengo músculos que desconocía». Hagamos un pequeño ejercicio práctico: ¿qué habría sido de nosotros si hubiéramos sido capaces de enfrentarnos a nuestros defectos, de no dejarnos dominar por la implacable ley autoritaria de nuestros deseos de corto plazo? Es interesante pararnos a analizar esto y sacar una conclusión de cara al futuro. Cuanto menos hayamos podido hacer, cuantas más limitaciones encontremos, cuanto más lastre tengamos atado a los tobillos, menor será el nivel alcanzado de libertad.

¿Quiere decir eso que podemos conseguir todo lo que nos propongamos en la vida? No, por supuesto que no, estamos determinados por demasiados condicionantes. No se trata de conseguirlo todo, sino de alcanzar aquello que me es factible. Y no hace falta ser muy listos ni muy reflexivos para que nos demos cuenta de que todos vamos con el freno de mano echado. De que nuestra vida no es más apasionante, aventurera, interesante y plena porque nosotros mismos hemos decidido que no lo fuera. No somos libres porque hemos renunciado a nuestra libertad. Hemos optado por lo fácil. Por lo que nos apetecía. Por lo que ya sabíamos hacer. Hemos desechado nuestras mejores opciones. No hemos querido alcanzar los verdaderos amores ni los mejores carismas. Pero no nos preocupemos en demasía, lo importante es darse cuenta de ello. Aún tenemos tiempo de sobra para cambiar.

Las personas libres transmiten paz

Si me permiten que se lo diga, este es el último fruto, el más digno y apetecible que produce la verdadera libertad: la paz. Empecemos con un chiste. Un hombre se encuentra con otro y le dice: «Te veo siempre contento, siempre feliz, siempre tranquilo. ¿Por qué?». Este le responde: «Eso es porque no me gusta discutir». El interlocutor le replica airado: «¿Cómo narices va a ser por eso?». Y el hombre pacífico acaba contestando: «Pues no será por eso». Como dice el refrán: dos no se pelean si uno no quiere. El ser humano libre no tiene ninguna necesidad de enfrentarse ni de discutir. Es dueño de sus palabras y de sus silencios, pero también, y eso sí que es verdaderamente interesante, de sus peleas y de sus mosqueos.

Pongamos algunos ejemplos concretos. Imaginemos que alguien nos acusa de algo que no hemos hecho. U otra persona nos difama por la espalda achacándonos actitudes o comportamientos completamente equivocados. ¿Qué más da? ¿Qué importancia tiene? Si dicen algo que es verdad, nosotros ya lo sabemos e intentaremos mejorar. Si mienten, no debemos dedicarle ni un segundo de nuestras vidas. Si permitimos que los comentarios o las acusaciones de los demás nos desestabilicen pondremos nuestra felicidad en manos ajenas. Nos convertiremos en esclavos del qué dirán. Estaremos todo el día obsesionados con saber qué opinan de nosotros y les daremos a los demás un poder que ni tienen ni deberían tener.

Les contaré una experiencia personal: en los últimos años mi presencia en las redes se ha multiplicado, y cada vez me llaman con más frecuencia para dar entrevistas en radio o televisión o para hacer un pódcast o un webinar. Normalmente los comentarios que recibo son bastante positivos, pero, de un tiempo a esta parte, contemplo con sorpresa cómo género, en algunas personas, la peor de las opiniones. A veces me mandan mensajes, en muchas ocasiones anónimos, que son muy agresivos, insultantes y despreciativos. Reconozco que las primeras veces me hacían sufrir, pero ahora me dan exactamente igual. ¿Qué debería hacer ante todos ellos? ¿Entrar al trapo? ¿Enfadarme? ¿Discutir? ¿Dejar de salir en los medios? El que se expone en los medios públicos debe saber que va a ser criticado: forma parte de los gajes del oficio. Si la crítica es acertada me servirá para mejorar. Si creo que no llevan razón no le daré ninguna importancia.

Discutir por discutir, generar polémica, controversia,

animadversión. Eso es propio de personas infantiles, inmaduras, simples. Si alguien mantiene una postura contraria a la mía será porque es lo suficientemente inteligente como para pensar por sí mismo. Hay miles de cuestiones opinables en esta vida y allí donde gobierna la unanimidad también lo hace la imbecilidad. Decía Freud que cuando dos personas piensan exactamente igual es porque una de ellas ha decidido no pensar, y yo no puedo estar más de acuerdo con esta idea. Pensar distinto es algo propio de personas adultas. Cabrearse por estas diferencias es algo propio de personas que no han superado su complejo de inferioridad. Todos tenemos derecho a opinar y a pensar. También a equivocarnos, incluso a cambiar de opinión. ¡Cuántas cosas que hoy defendemos con suma vehemencia dejaremos de pensarlas dentro de pocas décadas! El mundo evoluciona, las personas crecemos y nos pasan cosas distintas. Aprendemos de los errores y nuestro pensamiento evoluciona cuando hablamos con quienes tienen un criterio diferente.

Actuar con violencia e intolerancia ante el que piensa diferente, ante el que sostiene otras creencias, es algo propio de culturas ancestrales. Debemos superar de una vez por todas el célebre cuadro del *Duelo a garrotazos* de Goya. Vivimos en un país que tuvo la desgracia de caer en una guerra civil. Parece que si alguien no piensa como nosotros tenemos que arrancarle la cabeza a puñetazos, pero eso solo es propio de personas que saben que no llevan razón. En caso contrario, intentarían argumentar, reflexionar, cuestionar y filosofar. Quien cae en el insulto, en la crítica despiadada y en el ataque sistemático es el peor de los esclavos.

Esa persona vive esclavizada por su propio pensamiento. Se he metido de lleno en la celda subjetiva de su obsesión y ha renunciado a pensar. Cree que si alguien le rebate le lanza el peor de los insultos. Pero quien se enfada por nimiedades raramente recibe el respeto de los demás: «A ese no le digas nada porque no sabes cómo se pone». «Con ese no hables, que es imposible». Esa persona es víctima de su mal carácter: no es capaz ni siquiera de aguantarse a sí mismo, por lo que, difícilmente, será capaz de aguantar a los demás.

Los frutos de semejante planteamiento son bastante obvios: la soledad, la pérdida de la paz interior y de la salud mental.

La libertad previene la ansiedad

Si no somos libres estaremos siempre angustiados y nerviosos, preocupados porque no seremos capaces de conseguir no se sabe bien qué cosa que carece de interés. El ser humano libre es pacífico y transmite serenidad porque sabe que lo ha intentado, que ha hecho todo lo posible, por alcanzar esas metas que se proponía y que no se le puede pedir más. El poeta mexicano Amado Nervo dice: «El signo más evidente de que se ha comprendido la verdad es la paz interior».

En el apartado anterior hemos explicado cómo una

persona puede ganar en libertad. Cómo puede evitar caer en el pozo profundo de la adicción probando a crecer hacia fuera y hacia dentro: enfrentándose a todo aquello que le molesta de sí mismo e intentando superar sus innumerables defectos. Ni que decir tiene que esa lucha es infinita. Jamás podremos afirmar que ya ha sido suficiente, que ya somos libres, que ya somos maduros, que ya somos felices. Esos puntos de llegada nunca aparecen en el horizonte. Siempre podemos crecer más, conocernos mejor, alcanzar mayores metas. Lo interesante de esta mentalidad, por paradójico que parezca, es que pensar así es un remedio infalible para no caer en la ansiedad y el miedo.

Hemos puesto todo de nuestra parte. Hemos luchado a brazo partido. Hemos conseguido cosas que jamás pensamos que íbamos a alcanzar. También hemos fracasado mil veces, pero esos fracasos han sido fundamentales, pues nos han despejado el camino y nos han hecho aprender. Hemos intentado muchas cosas que no hemos conseguido, pero ¿qué más da? ¿Qué importancia tiene? Al menos nos hemos apuntado a ellas. Nos hemos presentado como voluntarios. Hemos dicho que sí. Que pueden contar con nosotros.

Esa sí que es una vida plena, divertida, competitiva. Un combate contra lo que menos nos gusta de nosotros, contra aquello que nos envilece, nos aprisiona, nos preocupa y nos marchita. El ser humano que piensa así siempre tiene un reto por delante. Algo de sí mismo que le gustaría conseguir. Un defecto profundo que le gustaría poder dominar. Esos son los agradables frutos del árbol de la verdadera libertad: la alegría, el dominio de sí mismo, el crecimiento personal y la paz.

Esa es la recompensa ante tanto esfuerzo aparentemente inútil: una vida realmente libre.

4
LA PERSONA LIBRE SE ATA AL BIEN

Si imposible es hacer tu vida como quieres,
por lo menos esfuérzate
cuanto puedas en esto: no la envilezcas nunca
en contacto excesivo con el mundo
con una excesiva frivolidad.

No la envilezcas
en el tráfago inútil
o en el necio vacío
de la estupidez cotidiana
y al cabo te resulte un huésped inoportuno.

Konstantinos KAVAFIS, «Cuanto puedas»,
Poesías completas

¿Se puede ser libre haciendo el mal?

Hasta ahora hemos explicado cómo, para alcanzar la libertad, es imprescindible hacer el bien y liberarnos de aquello que nos esclaviza. El mal, en todas sus vertientes, acaba por hacer de las suyas y por arrebatarnos aquello que nos promete. Aquí tienen una nueva paradoja. Algunos pensarán que obedecer es opuesto a la libertad. Si hacemos lo que nos dicen acabaremos por perder nuestra autonomía. Pero sabemos que eso no es cierto. Quien quiere vivir sin cadenas, el anárquico y el libertario acaban por ser incapaces de seguir ningún designio. Ni siquiera aquel que les conviene. Desarrollemos algunas de estas ideas.

La palabra «obedecer» proviene etimológicamente de *ob-audire*, que significa «escuchar con atención». Muchos estarán de acuerdo con que hacer el bien es el mejor uso posible de nuestra libertad pero, claro, ¿qué está bien y qué está mal? Sin embargo, este libro no pretende convertirse en un tratado de ética. Hay determinadas situaciones vitales que no están claras, pero es bastante absurdo que nos centremos en las excepciones y la casuística. Para obedecer al bien debemos escuchar con atención, pero tampoco es necesaria tanta. El Bien, con mayúscula, es un absoluto que está grabado a fuego en el corazón del ser humano. Ser honesto, ser fiel a la persona amada, no copiar en el examen, pagar impuestos, decir la verdad a la cara, no corromperse, no venderse al mejor postor, no abusar del débil, no hacer algo que vaya contra la dignidad humana. Es bien sencillo conocer en qué consiste hacer el bien. Todos lo sabemos. Y quizá lo sepamos mejor cuando somos niños. De ahí viene el consejo evangélico de «ser como niños». Somos los adultos los que, después de haber sufrido el mal en nuestras carnes y de incluso haberlo ejercido muchas veces, corremos el peligro de oscurecernos. De empezar a considerar bueno aquello que sabemos que no lo es.

Para saber lo que está bien o mal basta con pararse a reflexionar. En mi consulta he tenido la ocasión de poder tratar a personas realmente malas. Personas que han hecho el mal de forma profesional. Serían pacientes que se englobarían dentro de lo que catalogamos como «trastorno antisocial», lo que se conoce más popularmente como «psicópata». Pues bien, hasta entre las mentes más enfermas pocos son los que no reconocen que sus actos estuvieron mal. Su única justificación es que lo hicieron porque les convenía, porque les apetecía, porque prefirieron saciar sus apetencias antes que hacer lo correcto.

Por tanto, no es necesario que entremos en complejas y difíciles disquisiciones de índole moral o filosófico: lo que está bien y lo que está mal está bastante claro. Lo único que hay que hacer es tener la suficiente humildad como para reconocerlo.

Créanme: el mal y la libertad son como el agua y el aceite. El mal siempre lleva consigo más mal. Siempre acarrea los frutos amargos de la tristeza, la culpa y el remordimiento. ¡Cuántas veces la consulta de los psiquiatras se llenan de personas que sufren enormemente por el mal que hicieron! La solución es bien sencilla: reconocerlo, pedir perdón y reparar, en la medida de nuestras posibilidades, a la posible víctima. Veremos más adelante el poder sanador y liberador que tiene el perdón.

¿Cuáles son las consecuencias de nuestros actos?

Más adelante dedicaremos un capítulo a explicar qué es lo que sucede cuando pretendemos vivir por encima de cualquier sistema moral, cuando usamos el coche pasando olímpicamente de lo que recomienda el fabricante. El resultado es desastroso. Pongamos como ejemplo la célebre serie de televisión *Breaking Bad*. En ella el protagonista, Walter White, es un profesor de química que no ha sido capaz de triunfar en la vida a pesar de sus múltiples talentos. Por una serie de avatares del destino descubre que tiene un don para producir metanfetamina y acaba convirtiéndose en el mayor traficante de dicha droga de su estado, Nuevo México. Al principio solo tiene que ir saltándose algunas normas éticas, pero, al final, a base de no arrepentirse de ninguno de sus actos, acaba por transformarse moralmente y por destruir todo a su alrededor, a todo lo que ama y a toda su familia. En uno de los últimos capítulos le comunica de forma bastante triste a su cómplice, Jesse Pinkman, lo siguiente: «Es obvio que hemos hecho cosas que harán que vayamos al infierno». White reconoce el mal que hace, pero cree que ya no tiene vuelta atrás.

Quizá ese pueda ser un buen criterio: ¿cuáles son las consecuencias de mis actos? Aquellas cosas que hacemos, ¿vuelven más libres y mejores a quienes nos rodean? ¿Transmiten paz, amor, seguridad? Enseguida nos daremos cuenta de las miles de trampas en las que caemos todos los días, de todas esas acciones que, poco a poco, nos van quitando pequeñas migajas de libertad. Nada de esto debe agobiarnos. Darnos cuenta de aquello que debemos mejorar es clave. Ese es uno de los principales objetivos de este libro. En mi trabajo diario como psiquiatra he llegado a la conclusión de que lo importante no es hacerle ver al paciente cómo tiene que cambiar, sino que se dé cuenta de en qué tiene que cambiar. Cuando el adolescente descubre que hay determinados contenidos en internet que le hacen daño (violencia, ludopatía, pornografía) tiene fácil evitarlos pero si no se da cuenta, no lo percibe o no le importa hay poco que hacer.

Debemos evitar la tentación de dominar a los demás, de controlar sus movimientos, de conseguir que quienes nos rodean hagan lo que les conviene; es decir, en obligarlos a hacer el bien. Si mis hijos hacen el bien porque no tienen otra opción tardarán bastante poco en dejar de comportarse así. Ya explicamos en el segundo capítulo las terribles consecuencias que tiene actuar así. Aunque suene absurdo, debemos descubrir que la libertad solo puede ejercerse en libertad. Si queremos ser verdaderamente libres debemos ser conscientes, por nosotros mismos, de todas aquellas cosas que nos hacen ser siervos de nuestros gustos y de nuestras pasiones. En eso, y no en otra cosa, consiste madurar.

¿Queremos ser más libres? Hagamos un ejercicio de reflexión y seamos lo suficientemente valientes como para descubrir en qué actos cotidianos perdemos libertad. Y pensemos esto tanto en positivo como en negativo. Tan importante es saber lo que tengo que hacer como conocer qué es lo que causa daño, lo que mancha, lo que no nos conviene.

Descubramos el poder sanador que tiene el perdón

El tema del perdón me parece muy interesante. Y más en los tiempos que corren. Nada libera más que el perdón. Podemos enfermar de rencor. Y cada acto de odio, de ofensa, de venganza, nos quita un pedazo de libertad. Quienes han sido traicionados tienden a explicar, con suma insistencia, lo mucho que han sufrido, lo mal que lo pasaron, lo mal que los trataron, el sumo daño que les hicieron. Puede ser que, en contadas ocasiones, esto sea así, pero la mayoría de las veces lo que les sucedió es exactamente lo mismo que le pasa a los demás.

Lo anterior me ocurre con suma frecuencia. Y nunca falla. El paciente lo anuncia con mucho énfasis: «Déjeme que le cuente con detalle lo que pasó. Es muy fuerte. Espero que no salga de aquí. Seguro que nunca ha oído nada igual». Y a continuación me relata un suceso tan frecuente como insignificante. Es lo que tiene que la gente ya no acuda a la literatura y vea muy mal cine: acaba creyendo que lo suyo es excepcional. A todos nos han pasado cosas similares. Nos abandonó el ser amado. Nos traicionó nuestro mejor amigo. Nos hicieron creer lo que no era. Nos embarcaron en una empresa que fue un fracaso.

¿Queremos liberarnos de la pesada losa del enfado? Pues empecemos por no exagerar. Quienes no paran de hablar del mucho mal que le hicieron suelen conocerse bastante poco. Ya saben el evangélico «la paja del ojo ajeno y no la viga en el propio». Quienes creen que han sido víctimas de la peor de las conjuras raramente son conscientes de las que ellos protagonizaron. Esos que dicen «Yo no he hecho nunca mal a nadie» o no tienen amigos, o no tienen vida, o padecen amnesia. El mero hecho de vivir genera opiniones enfrentadas. Y siempre habrá alguien que vea en nosotros un atisbo de maldad (por muy falsa que sea) de la misma manera que nosotros pensamos en demasiadas ocasiones mal de los demás cuando malinterpretamos sus intenciones.

Decía el escritor Giovanni Papini que el amor no es capaz de ver los lados malos de un ser mientras que el odio no es capaz de ver los lados buenos. Del mismo modo, cuando nos permitimos ver la realidad con las gafas de sol de la animadversión hasta la más inocente e inocua de las acciones nos parecerá cargada de crueldad. Quienes se sienten atacados y vilipendiados con tanta frecuencia deberían hacérselo mirar. ¿Por qué te critica todo el mundo? O mejor dicho: ¿por qué crees que todo el mundo va a por ti? Dicha forma de pensar es incompatible con la libertad. Ya hablaremos de la libertad interior y de la importancia de pensar bien de los demás. Quienes solo piensan mal sufren doblemente. Quienes recuerdan todos los días, con ocasión y sin ella, el mal que les hicieron se condenarán a rememorar continuamente aquello que tanto les dolió. Un premio Nobel japonés, Susumo Tonegawa, demostró que recordar algo es muy parecido a volver a experimentarlo. Y los psiquiatras sabemos que no hay nada más engañoso y maleable que la memoria. Recordar algo a la perfección tiene poco que ver con que haya pasado realmente. Los recuerdos y las emociones están alojados en el mismo lugar del cerebro. Así que no seamos tan tontos como para creernos nuestras propias mentiras. Todos hemos vivido la experiencia de que, al contar la misma historia una y mil veces, acabamos por adornarla de tal forma que terminamos relatando algo que tiene poco que ver con la realidad. Es la tentación de convertirnos en un moderno barón de Münchhausen.

No vayan a enfadarse, pero créanme. Eso que les pasó y que tanto les hizo sufrir es exagerado, distorsionado y equivocado y, a veces, muchas más de las que nos creemos, totalmente inventado. La verdadera víctima no cuenta su trauma con tanta frecuencia, le cuesta horrores hacerlo y, además (esa es la peor de sus condenas) tiende a pensar que aquello que pasó fue culpa suya. Es algo que vemos todos los días en personas que han sido sometidas a abusos físicos o sexuales. Quienes solo disparan hacia fuera, quienes acusan a diestro y siniestro de angustias existenciales de todo tipo deberían plantearse si dicha actitud les sirve para algo. ¿Consiguen así evitar el mal causado? ¿Les transmite paz? ¿Les genera tranquilidad? Más bien al contrario, solo les sirve para quedarse más trastocados.

Perdonar a los demás es un síntoma de humildad. Supone reconocer que también nosotros, con mucha más frecuencia de la deseada, hemos hecho daño a mucha gente. Y que haya sido sin querer no nos quita responsabilidad. Tapemos el boquete por el que sale el torrente de las desdichas. Superemos el trauma. Pasemos página. Olvidemos el mal sufrido. Perdonemos al culpable. Porque perdonar a los demás supone salvarnos a nosotros mismos.

Perdonar a los que nos hicieron el mal nos libera. Ya veremos en un capítulo posterior la importancia que la mala memoria puede tener en nuestras vidas.

Las personas libres dan las gracias a la vida

Voy con mi familia a un hotel de playa y escucho una canción del grupo musical La Sonora Dinamita: «Oye, abre tus ojos, mira hacia arriba, disfruta las cosas buenas que tiene la vida. Abre tus ojos, mira hacia arriba. Disfruta las cosas buenas que tiene la vida». Y así hasta el infinito. Todos los turistas siguen la coreografía en mitad de la piscina. La canción, aunque sencilla, me sirve para reflexionar sobre la siguiente idea: el ser humano libre es un hombre agradecido.

Todo lo que hemos recibido, todas las cosas importantes de este mundo, la vida, la familia, los talentos, la educación, la cultura, la fe, los valores morales, las tradiciones... todo es un regalo. De aquí nace la idea de Dios. Dios es Aquel a quien debemos dar gracias por todo lo bueno que tiene la vida. Y si no creemos en Dios debemos buscar otras formas de agradecimiento, que, a su vez, son compatibles con la fe.

Decía el filósofo Epicteto en su *Manual* que, para alcanzar la impasibilidad, la libertad y la imperturbabilidad debemos ser menos; es decir, debemos caminar hacia la humildad. Como médico que soy, pertenezco a numerosas sociedades científicas y, con relativa frecuencia, me apena observar que hay demasiados médicos que «se lo creen». Sucede en todas las profesiones que ejercen algún tipo de poder: empresarios, notarios, banqueros, futbolistas de primera división, artistas y políticos. No hay nada peor que alguien que crea que se lo merece. Que lo vale. Que se lo ha currado. «No le debo nada a nadie» parecen decirnos. «Soy un hombre hecho a sí mismo». «Yo no soy tan vago como los demás. Todo lo que tengo lo he conseguido por mi propio esfuerzo». Quien habla así se conoce muy poco y más pronto que tarde se la pegará. La vida le demostrará a las claras que no todo puede modificarse por un acto de la voluntad y que en miles de ocasiones tenemos que enfrentarnos a situaciones que nos ponen en nuestro sitio. Que nos hacen ver a las claras que no somos más que pobres seres mortales.

Ese es otro buen ejercicio que podemos ejercitar cada día para ganar en libertad. Dar las gracias es un sinónimo de reconocernos poca cosa. Seres creados. Personas que lo hemos recibido todo gratis y que por eso también tenemos que dárselo a los demás sin pedir nada a cambio. Quienes confían solo en sí mismos son esclavos de su ser, gigantes con pies de barro, robots con pilas caducadas, edificios sin cimientos que no resistirán ni el primer embate. Quienes no dan nunca las gracias por nada cometen el error de ocultarse tras el peor de los disfraces. Pero su maquillaje se caerá pronto y todos podremos ver cómo detrás de tanta apariencia se esconden los peores defectos imaginables.

La soberbia es el más ridículo de los defectos. Produce sorna y patetismo, a partes iguales, observar cómo alguien enumera sin parar lo bien que lo hace todo. Parece un niño pequeño orgullosísimo porque ha aprendido a contar hasta diez. Todo lo que podamos conseguir en esta vida es tan hueco como efímero y no depende de nosotros. Si hubiéramos nacido en otro país, en otra época o con otra madre no seríamos iguales. Creernos que los resultados obtenidos son solo fruto de nuestro esfuerzo es de una ceguera inimaginable.

¿Desea ser libre? Libérese de su yo. Reconozca sus errores. ¿Quiere un consejo práctico, sencillo, fácil, alcanzable y objetivo para ser más humilde? Dele las gracias a todo el mundo. Todos los días. El que la sigue la consigue. Como los mineros de las minas de carbón: acto diario, permanente y reiterativo. A sol y a sombra. No nos compadezcamos tanto de nosotros mismos. Dele las gracias al panadero por el pan que hace. Al portero por sacarle la basura. Al paciente por haberle hecho esperar. Al jefe por llamarle la atención. Al principio puede resultar difícil, pero es como todo en la vida: al final sale solo y produce una liberación absoluta. Una paz interior que no le dará ni el más potente de los ansiolíticos. Quienes viven anclados a su ego no pueden ir a donde quieren. No pueden pensar bien. No pueden conseguir lo que se proponen. La excelente opinión que tienen de sí mismos les pesa demasiado. La sensación de que viven rodeados de estúpidos les incordiará todo el tiempo. Sienten la necesidad de corregir a los demás, de llevar la contraria, de discutir por nimiedades, de pensar que solo ellos hacen las cosas bien, de tener que quedar siempre por encima de los demás... Ya saben a lo que me refiero. Agota de solo pensarlo. Llevan un saco de cemento demasiado pesado que acabará por destrozarles todos los huesos.

Dele las gracias a la vida. No se lo crea tanto. Dude de sí mismo. Minimice sus logros. Alabe a los que le rodean. Piénselo: alcanzará una paz tan fructífera como duradera.

La libertad es un don

La libertad es un don, no una maldición. Algunos pensarán: valiente tontería, pero no es así. Son muchos los que creen que la libertad es una pesada carga que no todo el mundo es capaz de sobrellevar. El filósofo Jean-Paul Sartre, padre del existencialismo, decía: «Estamos condenados a ser libres». Creo que este es un planteamiento un tanto incompatible con la felicidad. No debemos ver la libertad como una condena, porque no lo es. Sin embargo, a algunos les gustaría no tener que ejercerla, no tener que decidir. Y cometen el error de permitir que sean otros los que escojan por ellos. Ya veíamos en el segundo capítulo que si no fuéramos libres seríamos como los chimpancés, seres que solo pueden seguir sus instintos y no pueden dominarse a sí mismos. Incapacitados para hacer el mal... pero tampoco el bien. No podemos condenar a un animal por ninguna de sus acciones. Solo hace lo que puede. Pero nosotros no somos así. Tenemos una parte animal, pero esa no es la más importante. Nuestra capacidad de decisión es la que nos hace seres indescriptiblemente amables.

Para ver la libertad como un don debemos plantearnos la vida como una aventura. Decía James Matthew Barrie, el célebre autor de *Peter Pan*, que el secreto de la felicidad no está en hacer lo que te gusta, sino en amar lo que haces. Enamorémonos, pues, de nosotros mismos. Querernos implica que nos aceptamos como somos, con nuestras virtudes y nuestros defectos. Y como nos conocemos bien y sabemos que somos dignos de ser amados tenemos la capacidad de amar a los demás. Con sus virtudes y sus defectos. Sin minimizar ni exagerar. Sin falsos histrionismos. Y luego enamorémonos de la vida. Seamos conscientes de la inmensa suerte que tenemos. Por estar vivos. Por poder viajar. Por poder disfrutar de la naturaleza y del arte.

La libertad es una afirmación, no una negación. ¿Quiere ser libre? Pues láncese. Inténtelo. Equivóquese. Fracase, caiga al suelo. Hágase una herida. Ejercite su libertad con verdadera pasión. Me viene a la cabeza la leyenda de Guillermo Tell. En ella, se obliga al héroe de la historia a acertar con sus flechas en una manzana que está encima de la cabeza de su hijo. Si falla matará o herirá a su hijo, y además lo ejecutarán, pero su puntería era prodigiosa y tuvo la suerte de dar en el blanco. Esta historia suele ponerse como ejemplo de que, a veces, debemos pagar un alto precio si queremos alcanzar la libertad. Conseguir ser libre no es una tarea fácil, sino que implica lucha, tesón, esfuerzo y enfrentarse al enemigo empezando por nosotros mismos. Ya veremos más adelante que una de las formas más simples de perder la libertad consiste en negarse a ejercer ese derecho. Y esto es lo que sucede cuando creemos que ser libres no es un don, sino una maldición.

La libertad se gana ejerciéndola. El ser humano libre no es el hiperactivo que hace mil cosas, más bien al contrario. El que mucho abarca poco aprieta. Muchas personas de hoy en día me recuerdan a los pollos sin cabeza, que se van dando caramonazos contra las paredes porque no se han parado a pensar ni quiénes son ni qué quieren.

El ser humano no es más libre cuantas más opciones tiene, sino cuando hace un mejor uso de su libertad, cuando toma las mejores decisiones. Nuestro sistema capitalista nos ha permitido que las opciones se amplíen hasta el infinito (y más allá, que diría Buzz Lightyear). Solo hay que entrar en un centro comercial y asomarse a algunas de las tiendas que se encuentran allí. Solo hay que entrar en internet con la sana intención de comprarse unos pantalones o preparar un viaje. Millones de posibilidades. Miles de hoteles. Centenares de ofertas de última hora. Pero cuantas más nos dan, más nos quitan. No hay atajos para alcanzar la libertad. Al final debemos decidir y la sombra del error está demasiado presente en nuestras vidas. ¿Queremos acertar? Pues no tengamos tanto miedo a equivocarnos.

Podríamos definir a la persona madura como aquella que toma las mejores decisiones en su vida. Es decir, quien no tiene miedo a decidir y aprende de sus errores. Al final, a fuerza de ejercer su libertad, el bien le sale solo, como sin querer. Se parece a la célebre novela *La historia interminable*, de Michael Ende, en la que encontramos esta deliciosa escena:

> Bastian le enseñó al león el reverso de la Alhaja.
> —¿Qué significa? —preguntó.
> —Haz lo que quieras.
> —Eso quiere decir que puedo hacer lo que me dé la gana, ¿no crees?
> —No —dijo con voz profunda y retumbante—. Quiere decir que debes hacer tu verdadera voluntad. Y no hay nada más difícil.

«Haz lo quieras» es sinónimo de «haz lo que debes». Lo que se espera de nosotros. Aquello para lo que hemos sido diseñados. Debemos hacer, por tanto, un empleo adecuado de nuestra libertad. No un uso simplista, torpe o ufano. No debemos menospreciar el tesoro que nos ha sido otorgado. El ser humano libre hace lo que le da la gana cuando consigue que solo le dé la gana hacer lo correcto. Y esa maravilla le llena de paz y de alegría, le lleva a dejar de esforzarse, todo el rato y todo el tiempo, por no hacer lo que no es. Ha conseguido educar su deseo: desprecia lo malo y se queda con lo bueno. La misma idea la encontramos en el poeta griego Píndaro, que decía: «Aprende a ser quien eres». Lo que somos realmente está dentro de nosotros. Solo hay que descubrirlo. Caer en la cuenta. Entender nuestra realidad. Ese es el principal fruto que encuentran los pacientes que se someten a determinadas psicoterapias: descubren cómo son.

Cuando somos capaces de vernos desnudos psicológicamente, desprovistos de los mil y un engaños con los que nos gusta disfrazar a nuestro yo, entonces podemos ser libres. Ya no tenemos que soportar el lastre de la mentira, la apariencia y la desigualdad.

La libertad se ejerce en el día a día

Recuerdo que, cuando era pequeño, me atraían mucho los juegos de azar. Fantaseaba continuamente con todo lo que haría si conseguía que me tocara el gordo de la lotería, con esa lluvia de millones. Mi madre, sabia como era, siempre me decía: «Hijo mío, no lo olvides: la mejor lotería es el trabajo de cada día». Podemos cometer el error de pensar que el ejercicio de la libertad se sustenta en tomar la decisión correcta ante cuestiones trascendentales, pero estas, reconozcámoslo, son bastante escasas a lo largo de nuestra vida: decidir qué vamos a estudiar, dónde vamos a vivir, con quién nos vamos a casar... Son cuestiones muy puntuales y la libertad se ejerce todos los días. Son miles las decisiones que hay que tomar a diario. La inmensa mayoría de ellas están automatizadas, nos salen casi sin querer. En eso consiste la educación, en conseguir que nos comportemos bien sin esfuerzo. ¿Y cómo se hace eso? Ganando virtudes.

La palabra «*vir*» viene del latín y significa «fuerza». El virtuoso es una persona fuerte. De la misma raíz viene la palabra «virilidad», que nos puede llevar al erróneo concepto del machismo. El virtuoso tiene la fuerza de ejercer sin cortapisas su libertad. Hace el bien porque le sale de dentro, porque está acostumbrado a hacerlo. Podríamos poner miles de ejemplos de ello. Quien está acostumbrado al orden no soporta el desorden, le angustia que las cosas no estén en su sitio y no poder encontrarlas rápidamente. El que dice siempre la verdad no soporta la mentira; le incomoda que le digan algo que no es cierto y a él mismo le costaría la misma vida mentir, afirmar lo contrario de lo que piensa con la intención de engañar. ¿No es eso maravilloso? Tener la suficiente fuerza como para hacer el bien fácilmente: no conozco un planteamiento más enriquecedor.

Aristóteles fue el primer filósofo que desarrolló el concepto de virtud enraizándolo en la naturaleza humana. Básicamente se trata de intentar, todos los días, tomar las mejores decisiones. No siempre lo conseguiremos, pero si nos esforzamos, cambiaremos a mejor, y en menos tiempo del que nos imaginamos. En esta idea se basan todas las psicoterapias conductuales que pretenden que el paciente mejore. Empezar poco a poco, pero ser constantes. ¿Qué es lo que más nos cuesta? ¿Estudiar? ¿Leer? ¿Hacer deporte? ¿Perder el tiempo? Preparemos un plan. Pidamos ayuda. Introduzcamos cambios en nuestra vida. Motivémonos cuando no lo consigamos. Empecemos una y otra vez. Veremos los resultados de dichas acciones en menos que canta un gallo.

El ser humano es como el salmón: o va contra la corriente o esta le conduce al desfiladero. No existe la posibilidad de quedarnos quietos. Si la virtud es la repetición de actos buenos, el vicio es la repetición de actos malos. La educación de los hábitos es clave (e imprescindible) si queremos ser libres. Nadie se convierte en libre de un día para otro ni por una decisión momentánea ni por un cambio mágico. Entre otras cosas porque el dominio de la libertad es infinito. Es como todo en la vida: siempre podremos tocar mejor el piano, escribir mejor o jugar mejor al tenis. La mejora absoluta no se alcanza nunca. Siempre podremos ser más libres. Una vida enfocada a encontrar semejantes ideales es una vida increíble.

Muchos pensadores nos señalan que el hombre y la mujer son hombres y mujeres de verdad cuando dominan sus pasiones (y no al revés). Leo en *Escolios a un texto implícito*, de Nicolás Gómez Dávila: «Corremos el peligro de llegar a una sociedad del futuro basada en una esclavitud sin amos, es decir, una sociedad esclavizada por sus más bajas pasiones». Leo también en los *Pensamientos*, de Joseph Joubert: «El inevitable efecto de la excesiva afición a los placeres del cuerpo es hacernos incapaces de degustarlos o incapaces de degustar a otros». En la novela *La Cábala*, de Thornton Wilder, me encuentro con una idea similar: «Es el libertino y no el predicador quien se forma un concepto más verdadero de la pureza y la formalidad ideales puesto que las paga, moneda a moneda, con pesar, a sabiendas, inevitablemente».

Quien pierde su libertad a base de tomar malas decisiones es el primero que se da cuenta de que tiene que cambiar, el que descubre en sus propias carnes lo mucho que duele el veneno de la serpiente que nos domina. Ese es el lamento amargo que exclaman quienes se ven atrapados en un laberinto de inclinaciones que les hacen daño. Todos, de una u otra manera, hemos tenido esa experiencia. Nos gustaría cambiar, pero no sabemos cómo hacerlo. Nos gustaría liberarnos de nuestro propio yo, pero parece que hay algunas cadenas invisibles que nos impiden ir por libre.

Es curioso, pero en un mundo en el que la cultura y la educación están al alcance de todos, cada vez la gente lee menos y se hace menos preguntas. El problema de nuestros días no es que las fuentes de la formación sean inaccesibles, sino que tenemos tan poco dominio de nosotros mismos que no somos capaces de acudir a ellas. ¡Cuánta gente me dice esto en la consulta todos los días! «Doctor, soy muy listo, muy capaz y no tengo ningún problema. Mis padres me pagarían la mejor universidad, pero lo que me pasa es que soy muy vago, me pongo a mirar el móvil, me acuesto tarde, me levanto para comer y los días se me pasan en un suspiro, aburrido como una ostra, triste al mirarme a mí mismo. Me siento atrapado, sin fuerzas, sin ganas de vivir».

Es más fácil de lo que parece. A veces hay que tocar fondo para salir a flote. Es el momento de iniciar la reconquista de nuestra libertad. Para ser libres debemos fortalecer nuestra voluntad.

5

LA PERSONA LIBRE ES RESPONSABLE DE SU LIBERTAD

Es en este sentido que la responsabilidad es la libertad; cuantas más decisiones se ve uno obligado a tomar solo, más cuenta se da de su libertad de elección.

Thornton WILDER, *Los idus de marzo*

Libertad y responsabilidad: un binomio inseparable

Es imposible hablar de la libertad sin mencionar la responsabilidad. El psiquiatra Viktor Frankl decía que, en Estados Unidos, dado que tenían una estatua de la Libertad en la costa este, deberían poner una estatua de la Responsabilidad en la costa oeste (y dadas las empresas implantadas en dicha zona, más aún, añado yo de mi cosecha). Recuerdo que esa era una sentencia que me decían de pequeño: «Máxima libertad, máxima responsabilidad».

Asumir los más altos grados de libertad implica que deberemos hacernos cargo de las consecuencias que tiene transgredir la norma, o sea, hacer un mal uso de la libertad. No deja de ser curioso comprobar cómo Estados Unidos, el país en el que se presupone que podemos gozar de los estándares más altos de libertad es, a su vez, el país con el mayor porcentaje de población carcelaria del mundo occidental y uno de los pocos en los que la pena de muerte sigue siendo legal.

Ya hemos explicado que si queremos ser libres tenemos que lanzarnos, o lo que es lo mismo, que no es posible alcanzar la libertad si no nos equivocamos antes. El ser humano aprende por ensayo y error, y muchas veces los que tenemos hijos adolescentes lo vemos continuamente: es necesario dejar que un hijo se la pegue para que aprenda hacia dónde tiene que encaminarse.

Estoy viajando por la autopista mientras reflexiono sobre ideas para este libro. Veo por el retrovisor cómo, en la lejanía, aparece un coche de la Guardia Civil. Todos los coches, sin excepción, se ponen a frenar. Las autoridades son conscientes de que la herramienta más eficaz para reducir los muertos en carretera ha sido el carnet por puntos. Pero deberíamos intentar que no fuera así. Una persona verdaderamente libre es aquella que no cambia su comportamiento en función de quién le mire, y eso es algo realmente difícil de conseguir. Si los hijos solo obedecen por alcanzar un determinado premio y evitar un temible castigo, tarde o temprano dejarán de hacer el bien. La responsabilidad, por tanto, no es el miedo a las malas consecuencias de nuestros actos, sino el hecho de ser conscientes de todo el bien que podemos alcanzar cuando hacemos lo que nos conviene.

El término «responsabilidad» significa ser capaz de responder de nosotros mismos. Responder de nosotros, de lo que hacemos y de lo que decimos. No escurrimos el bulto. No señalamos al jefe. No decimos que esto no iba con nosotros. Es muy interesante leer las actas de los juicios de Núremberg, en las que muchas de las autoridades nazis se excusaron diciendo que solo cumplían órdenes. No podemos engañar a los demás. Las personas maduras son las que van de frente, las que levantan la mano, las que aceptan el error y piden perdón. ¡Cuántos miles de conflictos familiares y sociales, de mayor o menor envergadura, se habrían resuelto en un minuto si alguien hubiera asumido su cuota de responsabilidad! Cuántos organismos públicos, cuántas empresas privadas, habrían enderezado su rumbo si los que ejercen la autoridad (los responsables) hubieran dimitido a tiempo. Esa es una nueva constante de nuestro tiempo, echar balones fuera. Y podría ser una posible definición de la neurosis. El neurótico es experto en desplazar la responsabilidad del resultado y las consecuencias de sus actos a los demás.

Hacer el mal, equivocarse, no es malo. De hecho, es lo normal. «El que tiene boca se equivoca», dicen los niños pequeños cuando cometen un error gramatical. Lo realmente grave, lo trágico, es no reconocer que lo hemos hecho mal. Ahí radica un infinito número de problemas familiares que se ven abocados al drama del divorcio: en no reconocer a tiempo que alguien lo ha hecho mal. Como ya hemos visto, en una familia sana, estructurada, compensada, lo normal es que sus miembros tengan que pedirse perdón (y los demás deben aceptarlo, que esa es otra) entre sí con mucha frecuencia.

Preparo parte de este libro en una mala noche en la que tengo que encargarme de urgencias hospitalarias. Acabo de estar con un paciente que vociferaba porque no le habían atendido bien. El paciente, aunque no llevaba toda la razón, sí que tenía motivos para el enfado. La enfermera se ha dirigido a él con una paciencia exquisita. Le ha mirado a la cara y le ha calmado con la mirada. Le ha pedido disculpas: el perdón y el reconocimiento de la culpa han desactivado la discusión. He tenido miles de veces esa experiencia y también, por desgracia, la contraria. No reconocer que lo hemos hecho mal es la puerta de entrada para que nos pongan una reclamación o nos denuncien.

Algunos dirán que actuar así es de débiles y que no debemos asumir nunca una culpa que no nos corresponde, pero denle una vuelta y verán como no es así. Si ante cualquier conflicto humano comenzamos disculpándonos: «Esto tiene que ser producto de una confusión, ha debido de haber algún error, vamos a intentar aclarar lo sucedido...», la sangre raramente llega al río. Y al final la vida se reduce a eso: intentar desactivar conflictos pueriles.

Una libertad exenta de responsabilidad es una libertad sin amor. Una libertad que no se compromete con nada ni con nadie no es fecunda, plena ni productiva (y, mucho menos, reproductiva). Querer ser libres y no asumir las consecuencias de nuestros actos es como hacer el camino de Santiago en coche o participar en un maratón yendo dopado. Es como copiar en un examen o decir a otra persona que la amamos mucho pero que no podemos asegurarle que vayamos a serle fieles. Es un sinsentido, un objetivo imposible. Libertad y responsabilidad forman parte de un binomio inseparable. Son las dos caras de la misma moneda. Solo hay que comprobar que una sociedad que renuncia a asumir su responsabilidad es una sociedad que hace dejación de su libertad.

No todos tenemos la misma responsabilidad

Es obvio que no todas las personas ejercemos el mismo grado de responsabilidad. El que es padre tiene más obligaciones que el que no lo es. El obispo debe tomar muchas más decisiones que cualquiera de sus sacerdotes. El político tiene la obligación de ser ejemplar. Se atribuye a Julio César la célebre frase: «La mujer del César no solo tiene que ser honrada, sino parecerlo». No vale con que hagamos el bien, también tiene que parecer que lo hacemos. Si no, corremos el peligro de inducir a los demás a hacer el mal. Ahí se halla la esencia de la palabra «escándalo». Pues quien escandaliza a los demás es aquel que, mediante su conducta, lleva a los que le rodean por el mal camino y los induce a hacer el mal.

Quizá eso explique por qué una de las constantes de nuestro tiempo es no querer asumir más responsabilidades de la cuenta. Todos tenemos miedo a ejercer la autoridad. En los dos ámbitos que mejor conozco, la sanidad y la universidad, observo que cada vez hay menos personas que aspiren a ser jefes. De hecho, a mí mismo me cuesta horrores tener que desempeñar un cargo de este tipo. Tendemos a lo fácil, a lo asequible, a aquello que no nos complique la vida. No queremos emprender, innovar, invertir. No queremos comprometernos. No queremos tener hijos.

Esta actitud, siendo comprensible, nos empequeñece. Si optamos voluntariamente por ocultarnos, por no tomar decisiones, al final renunciamos a ejercer la libertad. Muchas vidas a nivel social, laboral y profesional han sido más aburridas, pacatas y monótonas al no querer dar las personas un paso al frente. Podríamos resumir lo anterior diciendo que se opta por la mediocridad. Sin embargo, el principal problema de actuar así es que nos imposibilita desarrollar todo nuestro potencial. Dejamos muchos talentos sin usar y muchas de nuestras facultades se nos atrofian. No somos capaces de demostrarnos a nosotros mismos lo que podíamos haber hecho. Hemos perdido el partido porque ni siquiera nos hemos presentado a la cancha. Luego, al echar la vista atrás, la principal excusa que nos ponemos es que ignorábamos cómo hacerlo: no se nos daba bien mandar, sabíamos de antemano que íbamos a fracasar. Uno de los principales motivos por los que perdemos nuestra libertad es la evitación.

Perder la libertad por miedo a la equivocación

El verdadero ejercicio de la libertad es propositivo. Si bien es cierto que algunas de las mejores elecciones que podemos tomar en la vida consisten en saber decir que no, no es menos verdad afirmar que la principal ranura por la que se nos atrofia la vida es cuando optamos por rendirnos antes de tiempo y no presentar la batalla. La manera más torpe, fácil y absurda de perder nuestra libertad es no ejerciéndola, poniéndonos siempre de perfil, diciendo a todo que no, pidiendo más tiempo para pensarlo, refugiándonos en nuestra celda de cristal con la excusa de que aún no estamos preparados, de que somos demasiado jóvenes, de que es demasiado pronto. Así malinterpretamos aposta el verdadero significado de la palabra «prudencia». Lo mejor es estarse quieto, ya habrá tiempo más adelante de complicarse. ¡Cuántas vidas desperdiciadas por el miedo a equivocarse! Optar por no optar es caer en un continuo estado de indefinición. El que elige esperar no parece ser consciente de que también escoge algo y que dicha decisión le configura. Decía Molière que no solo somos responsables de lo que hacemos, sino de lo que no hacemos. En la vida siempre hay que elegir y no hay peor decisión que no tomar ninguna. Lo resume esa idea popular que dice: «No hay peor decisión que la que no se toma».

Más vale una falsa alarma que pedir ayuda demasiado tarde. En la consulta de psiquiatría son infinitas las situaciones en las que hay que plantearle al paciente: «¿Y por qué no ha venido antes?». Las respuestas suelen ser más o menos parecidas: por miedo, por inconsciencia, por pensar que la cosa no era tan grave. Más vale prevenir que curar cuando veamos que en nuestra vida hay algo que no funciona, que algunos de nuestros comportamientos son adictivos, que ciertos defectos hacen que el trato con los demás se vuelva insoportable. Cuando sabemos que un fracaso sentimental o profesional ha tenido que ver con nosotros es imprescindible actuar, no dejarlo pasar. Pues ningún problema que tenga cierta entidad se resuelve espontáneamente. Lo normal, cuando algo no se arregla, es que tienda a empeorar. Sé, por experiencia, que coger el toro por los cuernos suele dar cierto miedo. En ocasiones, auténtico pavor. Y el miedo, que muchas veces es irracional, suele llevar al bloqueo y la parálisis. Nuevamente es recomendable, según la magnitud del problema, pedir ayuda. Dejarse asesorar. Dejarse aconsejar. Muchos profesionales, sobre todo en el terreno empresarial, se dedican a reflotar proyectos que están en apuros. Muchos otros profesionales, del mundo del coaching y de la motivación, se dedican a apoyar a las personas para que introduzcan cambios en sus vidas. Y en el caso de que se trate de un problema de salud debemos buscar un buen médico.

Pensémoslo en negativo: si no actuamos ya, la cosa irá a peor. Pensémoslo en positivo: si no tomamos decisiones a tiempo descubriremos, cuando ya haya poco que hacer, que no hemos vivido. Escarmentemos en cabeza ajena. Oigamos el llanto lastimero que tantos alegan al final de sus días: «Ojalá me hubiera puesto a estudiar, o hubiera invertido en aquel proyecto, o me hubiera lanzado a decirle algo a la chica que me gustaba. Ojalá hubiera escrito un libro. Ojalá hubiera tenido más hijos».

Nunca es tarde si la dicha es buena. Es el momento de parar y hacer un pequeño ejercicio de reflexión: ¿qué cosas hay en nuestra vida que queremos mejorar? ¿Qué decisiones no tomamos por puro temor? ¿Qué nos gustaría conseguir? ¿Qué queremos evitar? ¿Qué añoramos alcanzar? Enseguida aparecerá ante nosotros un ambicioso programa de mejoras. No vayamos a por todas, elijamos solo una o dos. Las que tengamos más a mano. Las que sean más asequibles. Tomemos de una vez por todas esa maldita decisión. Empecemos a cambiar. No tengamos tanto miedo a ejercer la libertad.

Para tomar decisiones hay que pensar antes, pero no tanto como parece

Como ya hemos explicado en capítulos anteriores, la mayoría de las decisiones que tomamos en el día a día son bastante sencillas. De hecho, son casi automáticas. Decidimos sin pensar. Como decíamos antes, educar consiste, entre otras cosas, en conseguir que las respuestas que nos salen de forma automática sean las correctas. En hacer el bien sin que nos cueste, de forma natural. Luego habrá otro tipo de decisiones que sí son más importantes. Cambiar de casa. Elegir un trabajo. Casarse. Tener hijos. Seguir una determinada vocación profesional o religiosa. Iniciar un proyecto vital.

En esos casos las prisas suelen ser malas consejeras. Como se dice vulgarmente, debemos tener la cabeza fría para tomar la mejor de las decisiones. Desde el punto de vista psicológico lo que quiere decir esto es que no debemos permitir que las emociones nos influyan demasiado. Es lo que se llama «cognición fría» y «cognición caliente», como también se suele decir que no debemos tomar una decisión *en caliente*. Es decir, cuando estamos cansados, enfadados o tristes, pero también, no lo olvidemos, si nos encontramos contentos, excitados o enamorados. La frialdad emocional es una característica de la madurez. El amor, si no es inteligente, no es amor de verdad. El consejo es sencillo: ante una decisión de importancia vital, si no nos encontramos en un estado de tranquilidad y normalidad, es mejor no hacer nada. Sería una excepción a lo explicado anteriormente. Aquí es mejor no tomar ninguna decisión y esperar que las aguas vuelvan a su cauce.

Podríamos definir «impulsividad» como la toma de una decisión, normalmente la ejecución de una acción, sin pensar ni reflexionar. Es uno de los principales motivos de consulta en la psiquiatría de nuestros tiempos: «Me emborraché. Le di una paliza. Le insulté. Se me fue la olla. No pude evitarlo. No lo pensé. Fui infiel. Cogí lo que no debía. Me dio por comer. Por romper toda la vajilla. Por darle puñetazos a la pared. Fue superior a mis fuerzas. Reconozco que a veces se me va la pinza». Si detectamos en nosotros este tipo de actitudes debemos buscar ayuda y cambiar. Si no frenamos esa conducta irá a más y acabaremos por ser como un coche que va cuesta abajo y sin frenos, que no obedece a los pedales ni al volante. Habremos perdido nuestra libertad.

En el otro extremo de la balanza se sitúan los obsesivos. Aquellos que creen que, para tomar la mejor de las opciones, deben sopesar, hasta la extenuación, los pros y las contras de cualquiera de nuestras decisiones. «¿Estaré haciendo lo correcto? ¿Me estaré equivocando? ¿Acertaré?». Suelen ser personas con baja autoestima que no confían en su criterio y que tenderán, con excesiva frecuencia, a pedir ayuda a diestro y siniestro para que sean los demás los que le digan lo que deben hacer. Como reza la célebre frase: «Por el análisis a la parálisis». Quienes actúan así o bien no se deciden nunca o bien, al final, cansados ya de pensar, tomarán una decisión que siempre les parecerá equivocada. Ante cualquier consecuencia negativa de su decisión (y todas las elecciones tienen alguna) pensarán: «Ya sabía yo que iba a pasar eso». No parecen darse cuenta de que habían tenido en cuenta eso y muchas otras cosas más. Habían analizado todas las opciones posibles, tanto las buenas como las malas. Y por eso no podrá quitarse de la cabeza la maldita sensación de pensar que siempre se equivocan.

Quienes actúan así también pierden su libertad. Para mejorar, los obsesivos deben aprender dos cosas importantes: la primera, que no por mucho reflexionar van a acertar; la segunda, que la inmensa mayoría de las decisiones que tomamos son reversibles. La vida es una aventura.

Equivocarse es de sabios. Por eso debemos decidir en el día a día. Si conseguimos que los obsesivos tomen decisiones rápidas en cuestiones menores conseguiremos que, poco a poco, cambien su actitud. Si les enseñamos a reírse de sí mismos y de su rigidez, si conseguimos que no se metan en el oscuro pozo del pesimismo cada vez que algo no sale como creen que debería haber salido mejorarán. Nada es difícil. Por experiencia propia sé que, como en tantas otras cosas, las personas cambian cuando reconocen lo que les pasa. Si aceptan lo absurdo de su actitud, acaban viendo las cosas buenas del hecho de tener una cierta tendencia a ser obsesivo (por ejemplo, son personas puntuales que planifican mucho mejor que los demás).

Como dice la máxima aristotélica: *in medio virtus*, en el medio está la virtud. Ni impulsivos ni obsesivos. Ni me tiro por el barranco ni me encierro en la jaula de las previsiones fatalistas. ¿Sabemos cómo somos? ¿Cuál es nuestra tendencia dominante? Es importante conocerse bien. Si queremos hacer un uso adecuado y fecundo de nuestra libertad debemos saber cómo somos. Conocer dónde nos aprieta el zapato es la mejor manera de remediar aquello que nos atrofia y nos esclaviza.

Libertad e individualismo

El ser humano libre fomenta la individualidad. Todos somos diferentes, únicos, irrepetibles. No podemos ser otros y solo nosotros podemos hacer las cosas de un determinado modo. Nadie pintará un cuadro, compondrá una poesía o preparará una paella de la misma forma. Y este pensamiento es un llamamiento a la importancia que tiene la responsabilidad. Lo que no hagamos nosotros no lo va a hacer nadie.

Alcanzar nuestra libertad, ser lo que debemos ser y abrazar nuestra individualidad es un camino que cada uno debe recorrer por sí mismo. La conquista de la libertad es un acto personal, algo que nadie puede hacer por nosotros. No hay nada peor que no permitirle a alguien ejercer su libertad. Como ya hemos dicho antes, los que tienen la responsabilidad de educarnos —nuestros padres, nuestros profesores, nuestros familiares— no pueden hacernos libres. Lo que sí que pueden —de hecho, están obligados de la misma forma como nosotros lo estaremos luego— es educarnos en libertad. Es decir, poner las bases para que podamos decidir qué hacer con nuestras vidas. No consiste en educarnos como si fuéramos caballos a los que se les pone unas anteojeras para que solo elijamos lo que nos conviene. Más bien, lo que previamente otros han decidido que nos conviene. Esa actitud poco tiene que ver con la libertad. La libertad se puede sugerir e insinuar, pero no se puede obligar a nadie a ser libre. Respetarla supone aceptar que nuestros hijos, nuestros amigos, nuestros empleados, pueden hacer un mal uso de ella y convertirse en peores personas. Y lo mismo nos ha pasado a nosotros mil veces. Lo único que podemos hacer es estar cerca para ayudar. Para no molestar. Para aconsejar cuando el otro lo necesita. Para dar ejemplo de lo que a nosotros nos sirve. Esa es la actitud correcta.

Fomentar la individualidad y educar en la libertad no significa generar personas egoístas. En apariencia suena a lo mismo, pero no nos confundamos. El individualismo tiene muy poco que ver con el egoísmo. La libertad se ejerce de cara a los demás e incluso las decisiones aparentemente más simples implican a los que nos rodean, de una u otra forma les salpican. Dedicaremos todo un capítulo posteriormente a hablar de cómo la libertad no puede ejercerse en soledad y cómo no hay mayor acto de libertad que darse a los demás. Entregarse por amor. Sacrificarse por lo que se ama.

Ahora podemos ver de manera más clara cómo determinados regímenes políticos, profundamente liberticidas, solo han buscado erradicar nuestra individualidad y sepultarla en la masa. Lo hemos visto mil veces, desde el nazismo al comunismo. Aún hoy, por desgracia, podemos contemplar con auténtica pena esos espectáculos de coordinación donde miles de soldados de Corea del Norte mueven las banderas en una determinada dirección. Esto supone la negación del individuo, el hombre-masa que denunciaron muchos filósofos del siglo pasado. Si todos somos exactamente iguales no existe la diferencia entre las personas. Y eso no es más que otro modo de negación de la libertad. Lenin decía que la libertad es un mito burgués: hay que reconocerle que, por lo menos, era coherente. Los regímenes que nos imponen su verdad, que coartan nuestra libertad hasta la extenuación atrofian al individuo, le imposibilitan crecer y madurar.

Los totalitarismos fueron ideologías deshumanizadoras. Disponemos de centenares de películas, documentos y libros que nos lo recuerdan. No está de más echar de vez en cuando la vista atrás y observar cuáles fueron las bases de semejantes errores. Toda ideología desconectada de una antropología verdadera tiende al totalitarismo. Y esas corrientes lo único que pretendían eran usurpar la individualidad de la persona, convertirla en una tuerca de una máquina. Considerar que el ser humano *no es otra cosa* que un elemento más de un determinado colectivo y que, como tal, puede ser cosificado, intercambiado y sustituido por otro más dócil, eficaz y útil.

Podríamos pensar que ese tipo de tentaciones ya han sido superadas por la humanidad y que ahora estamos en una situación diferente, pero no es así. Precisamente uno de los peligros de la globalización que vemos todos los días es pretender hacernos a todos iguales, como si fuéramos animales amaestrados y condicionados por los impulsos eléctricos diseñados por las campañas publicitarias. Si bien es cierto que el comunismo es la peor de las ideologías (solo hace falta ver sus frutos sociales) no debemos pensar que el capitalismo es mucho mejor. Tras la caída del Muro de Berlín triunfó en toda Europa la democracia occidental, lo que también se ha denominado «el mundo libre». Pero no seamos ingenuos, también el sistema actual tiene sus peligros. Recuerdo que una vez asistí en Granada a una conferencia del novelista chileno Jorge Edwards, en la que empezó su intervención contando un chiste: «El socialismo es la explotación del hombre por el hombre mientras que el capitalismo es exactamente lo mismo, pero al revés».

En *La economía del deseo*, de Daniel M. Bell, se expone de forma brillante cómo el capitalismo es una ideología al servicio de la satisfacción del deseo. Y esa es precisamente la clave de su éxito. Consigue que deseemos cosas y luego, inmediatamente, nos las vende. ¿Cuál es el problema de este sistema? Pues que al estar amarrado al relativismo moral y el nihilismo existencial nos viene a decir (a vender) que nada es bueno o malo en sí. Basta con desearlo. En palabras del escritor Juan Manuel de Prada: «El capitalismo ha sido capaz de organizar y someter estos flujos (del deseo) de un modo mucho más incisivo, demostrando que dispone de un poder mágico para disciplinar el deseo. Tan mágico que puede esclavizarnos de un modo tal que queramos o deseemos esa esclavitud, a la que absurdamente llegamos a llamar "libertad"». Al final parece que el ser humano libre es aquel que tiene el mejor coche, que puede suscribirse a Netflix y veranear en las Bahamas. Menuda visión más chata y pobre de algo tan profundo y sagrado como es la libertad. Una idea similar aparece recogida en el libro *No-cosas: Quiebras en el mundo de hoy*, del surcoreano Byung-Chul Han, que hace un brillante análisis de cómo los objetos liberales (las no-cosas) han irrumpido en nuestras vidas. Se impone un orden digital en el que nada se opone a nuestros deseos. Ese nuevo régimen neoliberal no oprime la libertad, sino que la explota, sin enfrentarse a ninguna resistencia. No es represor, sino seductor. La dominación se hace completa en el momento en que se presenta como la libertad.

No somos más libres por satisfacer un mayor número

de deseos. Ni tampoco lo somos por poder viajar más, ver más películas o tener un mayor acceso a un infinito número de opciones materiales. La libertad es plena cuando se ata al bien, cuando desea lo que le conviene y lo hace mejor. ¿Es la materia una fuente de libertad o el eslabón más pesado de la peor de las cadenas? Leo una entrevista a una joven mujer alemana, Marlene Engelhorn, de veintinueve años de edad, que ha decidido donar más de cuatro mil millones de euros que ha recibido de herencia a obras de caridad; entre los motivos que expone para explicar su decisión hay uno de mucho peso: gestionar dicha fortuna es una tarea inmensa que le roba todo su tiempo. Un buen ejemplo de cómo, para ser libre, debemos liberarnos de las cosas materiales, no apegarnos a ellas. El ser humano libre no permite que las cosas le posean. No podemos ser libres si vivimos cargados de materia, es una mochila que pesa demasiado. El filósofo cordobés Séneca decía que una gran fortuna es una gran esclavitud. Por eso hay que ser valiente y cortar amarras. Para poder volar es necesario ir ligero de equipaje.

Analicemos nuevamente nuestra vida. ¿Somos esclavos de las modas? ¿Somos libres para no tener que comprar cosas que no necesitamos en el Black Friday? ¿Nos amargamos cuando no tenemos lo que no nos hace falta? ¿Nos obsesionamos por comprar algo que a los pocos días guardamos en el trastero de las cosas prescindibles? Todo ello es una nueva trampa mortal en la que, con demasiada frecuencia, perdemos la libertad. ¿Quiere saber qué es lo que le interesa, lo que le mueve, lo que le preocupa? Intente recordar cuál es el último pensamiento que tiene por las noches y el primero que ilumina su día.

Y no es ese, siendo uno de los más evidentes, el único peligro. Nuevas corrientes cosificadoras nos invaden día tras día. Tenemos derecho a todo. De hecho, algunos creen que la democracia no es otra cosa que una corriente social que busca «ampliar derechos», una expresión que se oye con mucha frecuencia. Ampliar hasta el infinito las cosas que podemos hacer sin que nadie tenga derecho a decirme lo contrario. Creo que ahora se entiende por qué hay tanta gente que bajo el grito de la palabra «libertad» solo propone metas que nos harán menos humanos. Esa es la gran paradoja de nuestro tiempo: el mundo occidental liberal y capitalista aprueba más y más formas de opresión y dependencia en nombre de la libertad.

¿Hay que ponerle límites a la libertad?

El relativismo filosófico —todo depende, nada es bueno o malo, no puedo saber dónde está la verdad, nadie tiene derecho a decirle a los demás lo que deben hacer o no...— ha creado un perfecto caldo de cultivo para generar la idea de que todo está permitido. Solo basta con que haya un determinado grupo que solicite y apruebe algo. Únicamente con que la mayoría de la gente esté de acuerdo con algo que no aceptábamos, esto pasa a estar bien. De ahí surgen miles de debates éticos y morales. Pongamos algunos ejemplos.

Se aprueba la ley de eutanasia: ¿somos una sociedad más libre ahora que podemos eliminar legalmente a alguien que no quiere vivir? La maternidad subrogada es legal en algunos países de nuestro entorno: ¿somos libres de tener un hijo en un vientre alquilado por el mero hecho de que una mujer está dispuesta a llevarlo en su útero si se le incentiva económicamente? Se permite (antes se evitaban por motivos éticos) que se realicen técnicas de fecundación *in vitro*: ¿somos una sociedad más avanzada por generar miles y miles de embriones que permanecen metidos en tanques de nitrógeno líquido sin que sepamos muy bien qué hacer con ellos? La pornografía es legal: ¿somos una mejor sociedad al exponernos de forma sencilla, barata y asequible a imágenes que degradan y cosifican al hombre y la mujer? Si soy libre en todo, ¿no tengo también entonces la capacidad de decidir sobre mi propio sexo? ¿No puedo decidir si soy hombre o mujer? ¿Acaso no está mi capacidad de elegir por encima de un simple condicionamiento genético? ¿Acaso no está todo permitido? Cualquiera de estas cuestiones necesitaría un libro entero para poder explicar los pros y las contras de cada una de ellas. Y no es esa mi intención, solo lanzo estas preguntas a modo de reflexión. Si ponemos encima de la mesa la libertad (la libertad mal entendida, tal como hemos explicado desde el principio de este libro) como un fin en sí mismo, las consecuencias son profundamente catastróficas. Se abren puertas y ventanas que no siempre traen aire fresco. Y una vez que se plantean determinadas cuestiones es difícil dar marcha atrás.

Algunos dirán que todos estos avances son inevitables, que no se le pueden poner puertas al campo y que no somos nadie para marcar límites a nuestra libertad. Pero si algo pretendo con este libro es compartir mis reflexiones, hacer pensar a los demás. Cuando imparto clases de bioética en la universidad intento, a través del método socrático, que los alumnos hablen y expongan su manera de pensar. Cuando les digo que las más modernas técnicas de diagnóstico prenatal han servido para eliminar a millones de fetos con determinados defectos y que algunas enfermedades genéticas están desapareciendo, pero no porque las estemos curando sino porque no permitimos que nazcan las personas que las padecerían, muchos de ellos se llevan las manos a la cabeza. Parece que no estamos lejos de los utópicos paraísos de leyes eugenésicas que se promulgaron a comienzos del siglo xx y que tanto nos escandalizaron luego.

Pese a todo lo expuesto, creo que sigue habiendo muchos motivos para la esperanza. Tarde o temprano la humanidad acepta y reconoce sus errores. Sabe que se ha equivocado y emprende un giro hacia aquello que le hace mejor. Todas las corrientes políticas, ideológicas y filosóficas que han hecho daño a la humanidad han terminado recibiendo una respuesta y posterior contrataque. Por muy derrotadas que parezcan al final la verdad, el bien y la belleza acaban por ganar la batalla. Porque de lo erróneo nada se saca. Si queremos alcanzar la auténtica y plena libertad deberemos saber dónde hay que poner los límites, empezando por nosotros mismos. Si queremos avanzar debemos tener la suficiente sinceridad con nosotros mismos como para reconocer qué cosas nos frenan y nos hacen daño y luego, por añadidura, qué cosas hacen daño a los demás, a los que nos rodean, a los que nos importan. Tengamos la valentía de influir socialmente señalando a los demás qué es lo que les hace daño, qué les resta, por qué camino no deben seguir si no quieren despeñarse por el acantilado del libertinaje.

El peligro del liberalismo

Decía John Stuart Mill, padre del liberalismo, en su ensayo *Sobre la libertad* que: «La única libertad que merece ese nombre es la de buscar nuestro propio bien, por nuestro camino propio». *A priori* es una declaración que suena bien y con la que podríamos estar de acuerdo, pero debemos tener cuidado porque esa forma de pensamiento es la que ha sentado las bases de una de las corrientes que más daño ha hecho a la humanidad de nuestro tiempo: el liberalismo a ultranza, la dictadura de la individualidad. Cuando la libertad se convierte en un absoluto sin que le pongamos limitaciones pasa a ser un ídolo vacío y hueco, un sinsentido (y más cuando se parte de un concepto erróneo de lo que es la libertad).

Ir a lo nuestro. A lo que nos interesa. A lo que nos ocupa. Y a los demás que les vayan dando. Que no nos toquen las narices. Que no nos cuenten su vida. Que no me calienten la cabeza. Que se lo hubieran pensado antes porque nosotros también tenemos problemas. Mientras a nosotros nos vaya bien lo que les pase a los demás no nos interesa lo más mínimo. Creo que no es difícil darse cuenta de que esa forma de pensar es bastante inhumana. Es lo que se ha llamado «la filosofía del descarte». Descartamos a los débiles, a los pobres, a los minusválidos, a los gordos y a los locos. No queremos verlos. Que alguien los ponga fuera de nuestra vista, al otro lado de la valla, al final de la pista. Liberalismo y clasismo son dos pulmones que respiran juntos. Nosotros solo nos juntamos con los que piensan como nosotros. Los que tienen nuestro mismo nivel social y cultural. No queremos saber nada de los demás. El liberalismo acaba haciendo acepción de personas. Clasificando a las personas por clases sociales. Y de ahí solo hay un paso para conseguir que aparezca la peor versión de la individualidad mal entendida. Ya hemos abonado el terreno para que aparezcan muchos de los males del siglo XXI: el nacionalismo excluyente, el racismo, el fanatismo y muchas otras formas de intolerancia.

El ser humano libre, por definición, tiende al mestizaje. Con esta palabra me refiero a un mestizaje mental, y con eso no estoy hablando de la renuncia a nuestras creencias, nuestra cultura, nuestra religión o nuestros valores. Lo que quiero decir es no tener miedo a que los demás le influyan. A argumentar. A dejarse influir por otras formas de ver la vida. Quienes creen que el mejor modo de salvaguardar la libertad es metiéndola en un jarrón de cristal y encerrándola en mitad del gueto están muy equivocados. La libertad se ejerce entre los que no piensan como nosotros o, si no, no se practicará de ninguna de las maneras.

La persona libre respeta la libertad ajena

La pérdida de la libertad del mundo actual se pone de manifiesto en dos actitudes bastante comunes: la primera consiste en fomentar el pensamiento único, homogeneizar las creencias, tratarnos a todos como si fuéramos ovejas de un rebaño domesticado y acusar de fascista a todo aquel que piense de forma distinta; la segunda consiste en no permitir ni tolerar la opinión ajena.

Ahora vemos cómo, de un tiempo a esta parte, los grandes medios de comunicación censuran a los disidentes. Es un debate complejo, pues sabemos que también tenemos que lidiar con las *fake news*. Muchos grupos de presión, perfectamente organizados e ideologizados, pueden influir, como nunca antes en la historia, sobre millones de personas lanzando ideas falsas. Yo mismo he tenido que lidiar, hasta la extenuación, con centenares de pacientes que se han hecho antivacunas (tras la pandemia de COVID) y que usan argumentos que rozan el delirio. ¿Hasta dónde debe llegar la censura para frenar dichas ideas? Eso es algo que excede los objetivos de este libro. Lo que sí que quiero afirmar es que el ser humano no le tiene miedo a los que piensan distinto. Tiene tanta seguridad en sus convicciones que no huye del debate. Es tan libre que no vive esclavizado por sus opiniones y posee, eso sí que es grande, incluso la capacidad de evolucionar y cambiar de opinión. Y por eso tampoco tiene mucho interés en dominar a quienes le rodean. Permite que los demás tengan y sostengan opiniones propias. La fantasía oculta del fanático consiste en conseguir que pienses igual que él y si no respetamos la libertad ajena nunca seremos verdaderamente libres, estaremos apegados a nuestra intolerancia y a nuestros prejuicios.

Me viene a la memoria la película *La vida de los otros*. Una película que cuenta la historia de un espía de la Stasi encargado de escuchar lo que hacían los demás en la Alemania comunista. Una tarea tan absurda como hueca. Intentar dominar la opinión ajena es tan innecesario como imposible. Todos los regímenes totalitarios han fantaseado con la posibilidad de controlar a los demás, de dominarlos hasta en lo más profundo de su pensamiento, de su intimidad, queriendo usurparles lo que les es más propio, lo que les hace ser personas, arrebatándoles para siempre su libertad interior y de pensamiento. Pero no debemos agobiarnos por semejantes intentos, pues siempre acaban mal; al final la libertad se abre camino a través de los montes: no se puede intentar que la corriente del río se quede parada ante un muro de hormigón.

Todos los proyectos que se basan en la mentira, o lo que es lo mismo, en la maldad, están abocados al fracaso y más pronto que tarde veremos cómo regímenes totalitarios liberticidas como los de Corea del Norte, China o Irán se resquebrajarán con la misma fuerza con la que antes cayó la Unión Soviética o la Alemania nazi, o se desintegró la Camboya de los jemeres rojos. El Muro de Berlín también fue derribado. La pena es los millones de vidas que se llevaron por delante. ¿Cómo sería el mundo si los chinos fueran libres? Es algo imposible de imaginar.

El falso debate entre libertad y seguridad

Acabaremos este capítulo hablando de una espinosa cuestión que sale siempre a relucir cuando se aborda la cuestión de la libertad. Desde muchos estamentos se plantea que para que una sociedad determinada sea segura debe renunciar a una parte de libertad. O, visto al revés, que para alcanzar la libertad debemos arriesgarnos a perder parte de nuestra seguridad. Ese planteamiento de libertad resulta bastante pacato y simplista y es una clara consecuencia del individualismo del que hablábamos antes. No podemos edificar nuestra libertad oponiéndola a la de los demás. Si solo buscamos nuestra libertad obviando la de las otras personas, algo estamos haciendo mal.

En las sociedades modernas más evolucionadas la clase social que goza de un mayor poder adquisitivo suele encerrarse y protegerse de los demás. Vemos cómo se construyen chalets de lujo en urbanizaciones cerradas y rodeadas de todo tipo de cámaras de seguridad a las que solo se puede acceder tras pasar varias barreras en las que una serie de guardias nos interrogarán acerca de quiénes somos y a dónde vamos. Parece que solo pudieran estar seguros en una torre de cristal, rodeados de un escaso número de privilegiados que gozan del mismo estatus. Esa mentalidad explica bien el temor al otro, al desconocido, al que viene de otro país y tiene otra cultura. Al que puede robarme, matarme o hacerme daño. En vez de procurar que los demás se integren y prosperen me blindo frente a ellos. Me aíslo en el búnker de mi bienestar.

En el mismo plano se sitúan aquellos que dicen que para estar seguros debemos renunciar a parte de nuestra intimidad permitiendo que nos graben, nos observen, nos vigilen y controlen nuestros movimientos. Los móviles se han convertido en métodos de seguimiento que, a través de los repetidores, pueden situar con exactitud en qué lugar nos encontramos en cada momento. Sin caer en la desconfianza y la conspiranoia, da miedo pensar hasta qué punto somos vulnerables y permitimos que nuestra información personal esté a disposición de terceros.

Mucho me temo de que se trata de un debate inventado. Nos piden renunciar a la libertad y a cambio nos prometen una seguridad que nadie nos puede garantizar en su totalidad. Como he señalado varias veces a lo largo de este libro, la libertad no puede ejercerse en solitario ni tampoco dándole la espalda a los demás. Seremos más y más libres si nos enganchamos a los demás, si nos preocupamos por ellos, si nos interesamos y procuramos que ellos también lo sean.

Es cierto que bien poco podemos hacer en un mundo globalizado, donde nuestro radio de acción siempre es pequeño y se queda corto, pero si reflexionamos un poco, enseguida descubriremos que cerca de nuestro trabajo, de nuestro barrio y de nuestra familia hay personas que viven una vida bastante peor que la nuestra y que están mucho más condicionados que nosotros al ver reducida de manera drástica su libertad. Una vida que ellos tampoco han elegido y que no saben cómo manejar. Evitemos encerrarnos en nuestro mundo. Compartamos nuestra libertad con aquellos que no la tienen. Eso hará que la búsqueda de nuestra libertad personal sea más noble y sincera. Más eficaz y verdadera.

En las ferias de Andalucía se oye con frecuencia una canción que dice: «Todos los días del año yo soy feliz con mi gente». Es un concepto muy mediterráneo. Mi gente. Mi grupo. Mi cofradía. Mi partido. Mi clase social. Mi peña. Está muy bien que empecemos por aquí y que ejerzamos nuestro principal interés en mejorar la vida de aquellos que nos rodean, pero evitemos el peligro del aislamiento, tanto el social como el mental. Porque cuando nos aislamos tardamos poco en asustarnos y acabamos por ver al otro como a un desconocido. Como a un enemigo. Como alguien peligroso que debo evitar. Y ese aislamiento nos llevará al miedo, a la intolerancia, a la suspicacia y al egoísmo.

Para alcanzar la libertad no tenemos que renunciar a ningún tipo de seguridad. Ni física ni mental. Si solo prosperamos nosotros y los demás viven cada vez peor, tarde o temprano los problemas ajenos nos salpicarán. No nos encerremos en nuestro pensamiento, no hay nada que dé más satisfacción en el terreno humano que abrir de par en par las puertas a los demás.

6

LA LIBERTAD SE ALCANZA CUANDO NO TIENES MIEDO A PERDERLA

Los que más frecuentemente pierden la libertad son aquellos que la desean.

Stanisław JERZY LEC,
Pensamientos despeinados

La libertad configura mi forma de ser

Uno de los motivos que explican la importancia que tiene la libertad en nuestras vidas, el interés que despierta en propios y extraños, la cantidad de obras de arte que protagoniza es que se trata de un tema que determina nuestra existencia de forma radical. No se puede ser persona sin alcanzar un cierto nivel de libertad. Es completamente imposible. Podríamos decir que se llega a la madurez humana ejerciendo la libertad adecuadamente. En este capítulo veremos cómo una manera bastante habitual de no alcanzarla consiste en evitar tomar decisiones por miedo a que estas nos hagan perder la libertad.

Si actuamos así, nos empequeñecemos y no somos capaces de desarrollar nuestros talentos al cien por cien, de dar todo lo que podemos. Esa es la importancia nuclear que tiene la libertad. La realización de una determinada acción o decisión me marca porque configura mi personalidad. Todo lo que hacemos en nuestra vida nos salva o nos condena. Nos mejora o nos empeora. Nos hace más esclavos o más libres. Y lo más interesante de esta idea es que hace que nos demos cuenta de que el resultado depende solo de nosotros. Está en nuestras manos que florezca todo el potencial que tiene nuestra forma de ser.

Y nos jugamos mucho, más de lo que parece, porque nos convertimos en aquello que hacemos. Las acciones acaban por estructurar y ordenar nuestra personalidad. Si comemos lo que nos da la gana y no hacemos ningún tipo de ejercicio, nuestro cuerpo se atrofiará sin remedio. Si somos ordenados, precavidos y organizados, nuestra vida funcionará como un reloj. Si nos esforzamos por no decir ni la más pequeña de las mentiras, en nuestra vida gobernará la verdad. Tengamos la valentía de descubrir que, cuando algo no marcha en nuestras vidas, somos nosotros los que no estamos haciéndolo bien.

Precisamente esa es la labor que tienen los psicólogos y debido a ello surge el interés que manifiestan tantas personas en el coaching o el crecimiento personal. Y es que a veces no nos damos cuenta de que el problema no está fuera. Soy yo el que tengo que percibir que no estoy tomando decisiones correctas y que por eso no soy capaz de progresar más.

Una consecuencia práctica de lo anterior: ¿qué es lo que no nos gusta de nuestra forma de ser? ¿Qué es lo que no soportamos de nosotros mismos? ¿Cuáles son esos rasgos y caracteres que no sabemos cómo cambiar? ¿La timidez, el desorden, la impulsividad, la infidelidad...? Todas las personas tenemos un rasgo dominante que nos hace sufrir en mayor o menor medida. ¿Queremos dominarlo? ¿Queremos cambiar? ¿En serio? Pues sepamos que no es algo que pueda conseguirse de un día para otro; al revés, es una labor para toda una vida. Por tanto, debemos empezar cuanto antes. Comencemos por realizar acciones que vayan en la dirección contraria a la que nos marcan nuestros instintos. Aprendamos a tomar buenas decisiones. ¿Por qué motivo? Pues porque el que elige se elige, es decir, configura su forma de ser y su personalidad. Creo que ahora podemos ver con mayor claridad que no hay elecciones pequeñas; toda elección, por tonta que parezca, tiene importancia porque nos lleva en la buena dirección o, por el contrario, nos envilece por dentro y por fuera.

La libertad se alcanza por intención paradójica

La vida nos enseña, con los años, que el mundo está lleno de paradojas. Podríamos decir incluso que la naturaleza de la existencia humana es paradójica. Parece una cosa, pero luego es otra contraria. Eso explica por qué entre aquellos que viven obsesionados por alcanzar la libertad es donde encontramos, con mayor frecuencia, un mayor número de esclavos. Para ser más libres debemos olvidarnos más de nosotros mismos. Ya explicaremos más adelante que nada nos hace más libres que el amor a los demás, aunque aparentemente lo que nos da libertad es el amor a nosotros mismos. Nada nos dará mayores dosis de libertad que entregarnos y comprometernos con los demás de una forma madura y adecuada. Y no me digan que esa no es una gran paradoja. Por eso a tanta gente le es tan difícil de aceptar.

Muchas personas piensan que no son libres porque no pueden serlo. No tienen las condiciones necesarias para ello: les falta dinero, no gozan de buena salud o demasiadas personas dependen de ellos. Ya hemos explicado que esa errónea apreciación se basa en un concepto equivocado de lo que es realmente la libertad. Para ser libre no necesitamos, para nada, tener un infinito número de opciones. Mientras preparaba este libro vi un reportaje de televisión sobre una familia de insectos, los efemerópteros, conocidos vulgarmente como «insectos efímeros». Viven menos de cuarenta y ocho horas y les da tiempo a nacer, comer, poner más de tres mil huevos y morirse. Ya se ve que es una vida bastante aprovechada. Nosotros no somos insectos. Podemos decidir y nuestras elecciones son morales, implican una responsabilidad. Pero no somos más libres porque podamos hacer muchas más cosas que los demás. Ese planteamiento es bastante tonto y paradójicamente efímero. Si eso fuera así, jamás podríamos ser libres, pues es imposible que lo podamos hacer todo. No podemos escoger entre un infinito número de opciones, ni siquiera alcanzar a tenerlas. Todo está condicionado. Conforme crecemos y vamos envejeciendo perdemos potencialidades. Hay cosas que ya no podremos hacer nunca. Profesiones que jamás ejerceremos. Aficiones que jamás desarrollaremos. Mujeres u hombres con los que no nos vamos a casar y ciudades y países que nunca visitaremos.

¿Quiere eso decir que es imposible que seamos libres? ¿Que, con la edad, somos cada vez menos libres? Ni de broma. Más bien es todo lo contrario. El niño es mucho menos libre que el adulto porque, aunque puede hacer muchas más cosas, no sabe cómo tiene que hacerlas. Ni siquiera es consciente de su potencial. No se le ha educado su libertad. No ha aprendido de sus errores. No sabe cómo actuar. Por eso no es más libre que el anciano. Una nueva paradoja. La libertad tiene poco que ver con la posibilidad de elección y mucho más (en realidad, todo) con tomar decisiones libres aquí y ahora. Con la vida que nos ha tocado vivir. Con torear el miura que tenemos que lidiar. Un toro que no elegimos. Que no seleccionamos. No es responsabilidad nuestra. Pero sí que tenemos que aprender a torearlo. A saber qué hay que hacer en cada momento, pase lo que pase. Ya sé que cada vez hay más antitaurinos, cosa muy respetable, pero el símil con el toreo me gusta porque sirve para enlazar con la siguiente idea. Para ejercer la libertad debemos aprender a ser valientes. El miedo y el temor son dos de los principales enemigos de la libertad.

Para ser libres de verdad debemos ser valientes

La persona libre es valiente. Evita caer en quejas lastimeras o en excusas inmaduras. Si no somos libres es porque no hemos puesto todos los medios que hay a nuestro alcance para poder serlo. No hemos sido capaces de enfrentarnos a nuestros miedos. Así se entiende bien cómo podemos aprender a ser libres desde la cuna. Escribo este libro en mi casa en presencia de mi mujer; acabamos de tener un bebé hace una semana. Mi hijo nos hace la vida imposible sin querer. Llora a todas horas. Demanda continua atención. Hay que bañarlo. Hay que acunarlo. Hay que cambiarle el pañal. Sé por experiencia con mis otros hijos que esta fase durará poco; luego empezará a crecer y la realidad le dará miedo. Miedo a la oscuridad, a ir al cole, a hacer amigos, a dormir solo. En mis manos está darle suficientes herramientas para que se enfrente con valentía a todos sus pavores. A todo lo que le genera susto y turbación. Si no lo hago cuando debo, si dejo que pase demasiado tiempo, acabará por pensar que es imposible. Permitiré que sus terrores le dominen. Tendrá mucho más difícil poder ser libre.

Aprendemos a ser libres desde la más tierna infancia. Allí es donde aprendemos a ser valientes. A tener coraje. A veces somos los padres los que, al no haber superado determinadas cosas, llenamos la mochila de nuestros hijos con todo tipo de complejos. Ten cuidado con esto y con lo otro. No salgas nunca solo. No hables con extraños.

No te juntes con los que no son como tú. Y así su percepción de la realidad será tan falsa como miedosa. Acabará por pensar que no puede ser libre porque no tiene ni idea de cómo enfrentarse a sus monstruos. A un mundo que solo existe en su cabeza. Que no guarda relación con la realidad.

Una educación en libertad se basa en la valentía y en moldear nuestro coraje. Para que no haya nada ni nadie que nos pueda acomplejar luego, que nos domine y no nos permita prosperar. Si identificamos en nosotros mismos que nuestros padres o nuestra familia, intentando hacerlo bien, se equivocaron en lo esencial y generaron en nuestro interior temores infundados no pasa nada. Lo importante es darse cuenta de ello. Muchos procesos psicoterapéuticos se basan precisamente en eso: liberar la mente, soltar lastre, dar rienda suelta a nuestra potencialidad. Quien descubre que puede ser más libre averigua que puede ser mucho más valiente de lo que es. Cae en la cuenta del inmenso número de cuerdas invisibles que no le permiten desarrollar todo su potencial.

Una consecuencia práctica de esto: ¿qué es lo que nos da más coraje en esta vida? ¿El fracaso, el rechazo, el patinazo...? ¿Los demás? ¿No saber cómo actuar cuando aparezca el dolor o la incomprensión? ¿La muerte o la enfermedad? Todos estos miedos, y muchos más, están en nuestro interior. El miedo tiene una parte irracional que no es fácil de manejar, pero que es mucho más controlable de lo que parece. No dejemos que domine nuestra existencia. Como en la célebre película de Ingmar Bergman

El séptimo sello, en la que un hombre tiene que jugarse su propia muerte en una partida de ajedrez, no podemos dejar que la muerte nos gane la partida. El ser humano está llamado a hacer grandes proyectos, que nos trascienden y que le dan un sentido auténtico a nuestra existencia. Si no nos liberamos de los temores absurdos, de los miedos que nos implantaron en nuestra infancia y adolescencia, nunca seremos quienes podemos llegar a ser. Y esto solo se puede alcanzar mediante el correcto uso de la libertad.

El primer paso que debemos dar para ser más valientes es no dejarnos llevar por los valores sentidos y apetecibles y empezar a conquistar los valores pensados y razonados. Cambiar lo que nos apetece por lo que nos conviene. Lo que nos gusta por lo que nos hace crecer. Lo que nos frena por lo que nos acerca al bien. Podríamos poner mil ejemplos. Nadie estudia ocho horas una oposición porque le guste hacerlo. El que prefiera estar todo el día estudiando en vez de salir a la calle a tomar cervezas con los amigos tiene un grave problema de personalidad. Pero actúa así porque sabe que es su obligación en ese momento, porque la recompensa posterior es mucho más grande. Y haciéndolo, encerrándose en la habitación y evitando las distracciones y sus apetencias temporales consigue convertirse en más libre. Consigue demostrarse a sí mismo que sus apetencias, sus deseos o sus gustos no van a condicionar su existencia. Hay que ser muy valiente para actuar de esta manera. Y hacerlo es más fácil de lo que parece. Cuando generamos un determinado hábito la libertad se ejerce con relativa facilidad.

El miedo nos esclaviza y suele ser inventado

Es interesante seguir analizando el papel que el miedo puede tener en nuestras vidas. Mi trato diario con pacientes me enseña cuántos temores paralizan su vida, y lo intensos que son. En infinidad de ocasiones a lo que le tenemos más miedo es aquello que nunca nos ha pasado y que jamás nos pasará. Esa es la esencia de miles de películas de terror. Ese es el gancho que hace que entremos en determinadas noticias de los diarios de internet. Se acerca la crisis climática. Habrá una guerra mundial por el dominio del agua. Va a producirse un apagón energético y tendremos que encerrarnos en un búnker para poder sobrevivir. Miles de hipótesis y teorías basadas en datos sesgados que nunca llegan a convertirse en realidad.

Menuda pérdida de tiempo. Enfrentarse mentalmente a un enemigo inventado. A una amenaza que no existe. Ayer era el terrorismo, hoy es la pandemia del COVID, mañana será la guerra nuclear. Todos vamos a morir y la vida humana es tan corta y efímera como la de un insecto. No pasemos por ella mirando al suelo. ¡Cuántas personas no ejercen su libertad, no son más libres, porque tienen miedo a cosas que no existen! Lo he visto miles de veces, lo veo todos los días. Familias que no han tenido más hijos porque pensaban que no tendrían recursos suficientes (la experiencia nos dice que al final todos los hijos salen adelante). Personas que no obtuvieron un mejor trabajo, no vivieron en otra ciudad o no se declararon a la persona amada por temor a que esa decisión no saliera bien. Como me decía un buen amigo: «Luis, el primer criterio que tienes que cumplir si quieres que te den el premio es presentarte». Sé que es una idea bastante simple, pero sería bueno que la analizáramos con detenimiento.

¿Somos conscientes de la inmensa cantidad de posibilidades que no acabamos de desarrollar por el mero hecho de que no las hemos explorado? La vida es una aventura y para disfrutar de ella hay que tener coraje. Decir que sí. Llamar por teléfono. Mandar el mail. Insistir. Dar un paso al frente. Presentarse voluntario. Lanzarse a ligar. Pedirle su número. Echar la solicitud. A nadar se aprende tirándose a la piscina. Ni el agua está tan fría ni tan difícil es flotar. En definitiva: decir que sí. Eso sí que es una vida plena y apasionante. El que se plantea vivir así recibe tal cantidad de noes, tantos rechazos, tantos fracasos, que no tiene ningún miedo a enfrentarse a otro más. Porque también sabe que actuar así es la única manera de alcanzar algunos éxitos, aunque sean más escasos y poco duraderos.

Todo escritor sabe, hablo por experiencia, que para conseguir publicar un libro debe acostumbrarse a que un gran número de editoriales rechacen su manuscrito. Gracias a esa criba, a esa frustración, el manuscrito inicial va siendo cada vez mejor. Los que mandamos artículos científicos a revistas de alto impacto sabemos que es normal que en infinidad de ocasiones nos devuelvan este y tengamos que modificarlo, mejorarlo y cambiarlo una y otra vez. Solo así avanza la ciencia. Solo así somos capaces de alcanzar la excelencia. Muchos pierden la partida por incomparecencia. Tienen tanto miedo a salir derrotados que toman la peor de las decisiones. No presentarse al campo. No ofrecer batalla. No enfrentarse al rival. Y actuando así solo consiguen que el contrincante sea cada vez más fiero, más peligroso, más difícil de batir. El reto crecerá en nuestra cabeza, y le saldrán rabos y cuernos sin darnos cuenta de que esos rasgos solo están en nuestra imaginación.

Como decíamos en el capítulo anterior, algunos se plantean que para no perder su libertad deben encerrarla en una caja fuerte que nadie pueda abrir. Decantarse por esa opción por una aparente seguridad siempre es un error, pues, lejos de hacernos crecer, nos llevará a la parálisis y acrecentará hasta el infinito nuestros miedos a enfrentarnos a lo desconocido, que no es otra cosa que nuestro temor a no querer cambiar.

Libertad y salud mental

Un gran número de enfermedades mentales, sobre todo las más graves, como la esquizofrenia o el trastorno bipolar, vienen muy condicionadas por la biología y la genética. Pero hay muchas otras que se catalogan como enfermedades mentales leves (la ansiedad, la depresión; en definitiva, las neurosis) y que están mucho más moldeadas por el ejercicio de nuestra libertad.

Pensemos en los trastornos de ansiedad más frecuentes: las fobias y, dentro de ellas, la que genera más deterioro en aquellos que la padecen, la fobia social. El miedo a salir a la calle. A hablar en público. A enfrentarnos a lo desconocido. Las fobias, por definición, son temores irracionales que no sabemos cómo dominar. Al final, a base de evitar exponernos a la conducta ansiosa acabamos por desarrollar conductas evitativas. Es decir, acciones en las que alcanzo la paz a base de no ir a la guerra. Pero esa conquista lo es solo en apariencia. Cuanto más evito más me encierro. Y, al final, pequeñas circunstancias de escasa importancia acaban por abrir la caja de los truenos y producir la peor de las crisis. Así funciona la ansiedad: cada vez hace falta que el estímulo ansioso sea menor para que aparezca la peor de las consecuencias.

De alguna forma podríamos decir que quienes intentan hacer un buen uso de su libertad, es decir, los que se enfrentan a sus miedos, a aquello que les cuesta e incomoda, a todo lo que los atenaza, consiguen dar un paso al frente, vivir más libres. Pongamos algunos ejemplos. Una persona que tiene muchas dificultades para comer porque hay decenas de alimentos que no soporta acaba volviéndose muy delicada para comer. Así, al final el mero hecho de buscar un restaurante o elegir un determinado plato de la carta se convierte en un infierno. Es obvio que existen las alergias y las intolerancias alimentarias, pero ¿no es llamativo que este sea un fenómeno en crecimiento en los países más evolucionados de Occidente? En otros países mucho más expuestos a los antígenos que suelen producir estas reacciones esto no pasa. Y qué decir de los miedos: a volar, a hablar en público, a ir a fiestas con desconocidos, a montar en coche, a acudir al médico... Cuando decidimos ofrecer la batalla y refugiarnos en los cuarteles de invierno acabamos por ver reducido nuestro mundo: cada vez será menor la libertad de actuación y de movimientos. Cada vez nos pondremos metas menos asequibles, más pobres, más simples, y eso nos llevará de manera irreversible al empequeñecimiento. Como ya explicamos en un capítulo anterior, es imprescindible salir de nuestra área de confort.

Mientras impartía una charla sobre este tema a unos adolescentes les puse el siguiente ejemplo: «Si un día os levantáis por la mañana y decidís ducharos con agua fría, os demostraréis a vosotros mismos que sois perfectamente capaces de hacer algo que os cuesta, y eso os hará más voluntariosos y libres». Recuerdo que uno de los asistentes, que estaba sentado en primera fila, levantó inmediatamente la mano pidiéndome intervenir, por lo que le di la palabra, y me dijo: «Doctor, yo creo que es mejor que primero empecemos por ducharnos y ya, si eso, luego lo hacemos con agua fría». Así está el nivel.

Las personas libres no temen a nada ni a nadie. Saben que no hay ningún enemigo externo que pueda hacernos daño. Nuestro peor enemigo está dentro de nosotros. Y de esa forma conseguiremos evitar la neurosis o, al menos, frenarla y atenuarla cuando aparezca en nuestras vidas. Los neuróticos creen que nunca van a poder. Pactan con su ansiedad, pues deciden de antemano que ya no hay nada que hacer. Permiten que sus condicionantes (externos e internos) le tomen la delantera y por eso caen una y otra vez en la batalla que deberían presentar contra sus defectos, anclándose a ellos para siempre y convirtiéndolos en la eterna excusa que les permite no tener que cambiar nunca y renuncian así al ejercicio de su libertad.

De hecho, algunos profesionales (psiquiatras y psicólogos), desanimados ante la falta de iniciativa y la dificultad de introducir cambios de comportamiento y nuevas motivaciones en el paciente, acaban por caer en un desdichado nihilismo terapéutico. En una suerte de fatalismo que plantea que determinados pacientes son pobres esclavos de sus distorsiones y siempre lo serán.

Me niego a pensar así: creo que todo el mundo puede mejorar, de la misma manera que también se puede empeorar. A pesar de la gran importancia que los factores genéticos, biológicos y ambientales tienen en nuestras vidas, el vector de las decisiones puede llegar a modificarlo todo. Se me ocurre una atrevida hipótesis: ¿no podríamos definir un determinado tipo de enfermedad mental, las neurosis, como un trastorno de la libertad?

¿Queremos ser más libres? Pues decidamos qué límites debemos poner a nuestra libertad

Volvamos a la idea inicial de este capítulo. El ejercicio sano de la libertad es el que nos llena y nos completa. Mientras preparo este libro, leo lo siguiente en el cuento «Las carreteras de Pisa», de la famosa baronesa Karen Blixen:

Cuando yo era niña me enseñaron a considerar como locura dejar las cosas a medio hacer. Las vidas de todos nosotros, si lo pensáis bien, están a medio hacer. Dios nos creó y nos lanzó al mundo, a este mundo. Nos dio una fuerza motriz inicial, nos echó a rodar. Pero después nos dio una fuerza nueva, en virtud de la cual el alma puede por sí completar la obra primera. Eso es lo que se llama libertad.

Me parece una definición muy bonita, verdadera y cargada de esperanza. Ejercer la libertad es lo que nos permite que podamos ser lo que estamos llamados a ser.

Y para llegar a completarnos de una forma tan plena como auténtica debemos decidir nuestros límites. Qué barreras debemos situar para nacer sanos y fuertes. Sé que esta idea puede sonar paradójica y contradictoria con lo que hemos venido diciendo, pero piénsenlo por un momento. Poner normas es trascendental. El ser humano tiene un manual de instrucciones, la ley natural, escrito en su corazón desde antes de que naciera. Es un manual universal, común a todos los habitantes de la Tierra. Intentar borrarlo, obviarlo o ignorarlo es un gran error.

Recomiendo el libro *Cautivados por la libertad*, del filósofo Miguel Ángel Balibrea, en el que explica de manera magistral cómo Nietzsche ha sido el autor que más ha desarrollado, y permítanme que les diga, que más se ha equivocado, a la hora de explicar el concepto de libertad. Esta no desaparece cuando debemos estar sujetos a determinadas normas, sino más bien al contrario: se desarrolla cuando se respeta la realidad. El futbolista, para desarrollar su talento, debe adecuarse a las normas del juego. Si cada uno fuese por libre y participase como le diese la gana, un partido de fútbol sería imposible, pues nadie podría decir qué jugador es bueno o qué equipo merece llevarse el campeonato y eso, a la larga, conllevaría que jugar al fútbol no merecería la pena y carecería del más mínimo interés. Saltarse la norma, paradójicamente, hace que la libertad se convierta en un imposible, en una realidad cargada de esterilidad.

Leo en uno de los aforismos del célebre autor Georg Christoph Lichtenberg: «Establecer una igualdad y una libertad como las que se imaginan ahora muchas personas equivaldría a dar un undécimo mandamiento, por el cual se anularían los otros diez». En su época ya había muchos que postulaban que la libertad auténtica no podía estar coartada por nada ni por nadie, que solo podía estar al servicio de nuestros deseos. Esta misma idea ha cristalizado de muchas formas y maneras a lo largo de la historia. Podríamos decir que muchas de nuestras esclavitudes son hijas de Mayo del 68, del famoso prohibido prohibir. No hay un mandamiento más esclavo que ese. Si queremos ser libres de verdad tendremos que someternos a un conjunto de normas que condicionan nuestra vida para ser mejores. Todos sabemos que una cosa sea obligatoria no quiere decir que perdamos nuestra libertad al hacerla.

Un mundo, personal y social, sin normas ni prohibiciones. Un mundo sin leyes. Sin derecho. Sin policía ni fuerzas de seguridad. Ese mundo sería irrespirable. Como el salvaje Oeste. Solo gobernaría la ley del más fuerte. Del más poderoso. Del privilegiado que tenga la suerte de ejercer el poder. ¿Qué pasaría en ese mundo con los pobres, con los enfermos, con los débiles? Pues que vivirían condenados a sobrevivir en una atmósfera asfixiante. Nadie los respetaría ni se interesaría por ellos. Algo que por desgracia no es extraño, infrecuente o ajeno. En numerosos países del mundo, aún hoy, es esto lo que pasa. Los Estados fallidos se convierten en la peor de las dictaduras.

Sin llegar a estos extremos sociales, un mundo en el que podamos hacer lo que nos dé la gana, sin límites ni cortapisas, daría lugar a un engendro individual. A un ser atrofiado y apocado. A la peor versión de nosotros mismos. Cuando la libertad se convierte en un fin en sí misma, la buscamos como bien supremo, no enfocada a ningún bien superior, y entonces podemos gritar a los cuatro vientos que hacemos lo que queremos, pero sabemos que no es verdad, que somos incapaces de llegar a hacer algo que nos suponga el más mínimo esfuerzo, algo que merezca la pena, algo que sirva para ser mejores personas y hacer evolucionar a la sociedad y a aquellos que nos rodean.

Pongamos algunos ejemplos. ¿Es más libre una persona que opta por viajar todo el tiempo, que no se compromete con nada ni con nadie, que pretende hacer más y más cosas, sin lazos, sin alianzas, sin tener que dar cuentas a nadie? Suena atractivo, es un modelo que puede resultarnos bastante apetitoso. Aparentemente, una persona que ha decidido tener su propia familia, montar una empresa, crear empleo, sacrificar descanso y ocio por su formación, endeudarse por desarrollar un proyecto, tener dificultades para sacar los hijos adelante y llegar a fin de mes... es alguien mucho menos libre. Más pillado. Más agobiado. No nos gustaría cambiarnos por él ni ponernos en su piel. Pero no nos dejemos llevar por las apariencias. Como bien dice el refrán, estas engañan.

¿Quién es más libre: las personas fieles o las adúlteras? Tengo la experiencia de la consulta que atiendo. Las personas infieles viven un mundo gobernado por la ansiedad. Quien opta por sí mismo, por vivir encerrado en su yo, acaba siendo esclavo de sus deseos y apetencias. Acaba siendo una persona de trato difícil, con la que no se puede contar, que nunca da su brazo a torcer y no ayuda cuando se le pide. ¿Por qué? Porque no está acostumbrado a negarse a sí mismo, a sacrificarse, a dar la vida por los demás. Sería bueno que volviéramos a releer *Anna Karenina*. Abramos los ojos y miremos a nuestro alrededor. Comprobaremos cómo es mucho más libre aquel que se libera de los pesados fardos de su yo, de la dictadura de sus apetencias. Nunca he visto mayor grado de libertad que en aquellos que viven volcados en el amor. Ya dedicaremos un capítulo entero a este tema, ahora nos centraremos en hablar de lo mucho que esclaviza el perfeccionismo.

La persona libre acepta su imperfección

Aquí nos referimos al perfeccionismo del éxito, el más difícil de manejar. Toda persona madura, toda persona libre, busca ser mejor. O sea, busca un determinado grado de perfección, a sabiendas de que es imposible. Pero que no podamos alcanzar la perfección no quiere decir que no la busquemos. Intentamos ser mejores. Como ya hemos dicho: dar la mejor versión de nosotros mismos. Y esa versión estará plagada de defectos. Así que debemos aceptar nuestros puntos débiles. Nuestra cara B. Esa es la fórmula adecuada para obtener la libertad. Dejamos atrás la pesada y angustiosa necesidad de hacerlo todo bien. Las personas más felices y libres son las que reconocen sus fallos. Nada libera más que pedir perdón y para desprendernos de la culpa patológica no debemos convertirnos en un psicópata sin escrúpulos, en un sinvergüenza sin alma, sino en alguien que se acepta como es.

Y en ese camino de liberación personal es importante deshacernos también de una expectativa desmedida en alcanzar no se sabe muy bien qué objetivo profesional. Tenemos muchos ejemplos de deportistas, empresarios y artistas que han encontrado el peor de los venenos al alcanzar el éxito. Recomiendo la célebre autobiografía *Open*, de Andre Agassi. Toda una vida dedicada a jugar al tenis. Miles de horas de entrenamiento, dolor, reveses, derrotas, frustraciones... Y también trofeos, premios y campeonatos. Creo que en este libro se describe de forma magistral lo frustrante que puede llegar a ser buscar el éxito continuamente. Me quedo con una de las frases que más fuerza tiene en este libro: «Ganar no cambia nada».

Conclusión: tengamos cuidado con lo que conseguimos porque si solo ponemos nuestro corazón en el logro de objetivos materiales estos acabarán por dejarnos el corazón frío, vacío, caduco y hueco. Una nueva paradoja. Todos debemos intentar ser el mejor profesional que podamos, pero no debemos obsesionarnos por alcanzarlo y, mucho menos, amargarnos si no lo logramos. Es más, debemos ser conscientes de que es imposible llegar a serlo. Y que tampoco pasa nada si no lo somos. En la consulta trato con decenas de personas que parecen haber sido diseñadas solo para eso. Cuando me cuentan su vida, es fácil descubrir que muchos de estos objetivos se los han implantado desde fuera. Padres demasiado competitivos que, como ya hemos explicado antes, no han sabido educarlos en libertad. Colegios demasiado elitistas que solo promulgaban el culto a la riqueza como el mayor de los objetivos. Presiones sociales, publicitarias: me vendieron la moto de que vivir en esa casa, pertenecer a ese club de golf o comprarme el mejor modelo de coche iba a ser la panacea.

Al final nos encontramos con la misma angustiosa sensación: nos damos cuenta de que no llegamos. Y no lo conseguimos porque seamos débiles, imperfectos o inútiles (que lo somos), sino porque nos hemos puesto metas equivocadas. Ojalá veamos la luz. Ojalá nos demos cuenta de que nuestros objetivos deben cambiar. De que la materia no sacia. De que cuando nos obsesionamos con el éxito este se convierte en un amo feroz que nos obliga y condiciona presionándonos para realizar mayores sacrificios. Escarmentemos en cabeza ajena. Miremos en qué se convierten aquellos que solo buscan la fama. Observemos la pena que da el *workaholic*.

Proponer hacer el bien como única meta. Poner toda la carne en el asador en aquello que hacemos. Disfrutar del camino. Alegrarse de lo conseguido por escaso que sea. Liberarse de la dictadura del perfeccionismo. Nada da más paz y mayor consuelo.

El miedo a la libertad

El psicólogo y filósofo Erich Fromm plantea, en su libro *El miedo a la libertad* los conceptos de libertad positiva o negativa. Libertad para hacer el bien o libertad para evitar el mal. Si lo pensamos, este planteamiento es tan viejo como el Evangelio. Hacemos algo concreto, ejercemos nuestra libertad, porque queremos alcanzar un bien y evitar un mal. Ese es el planteamiento general de una educación basada en el premio y en el castigo. No está nada mal como plan de inicio, como primer peldaño para la educación de un niño. Pero es algo que se queda muy corto cuando el ser humano es maduro.

Algunas personas creen, y están bastante cerca de la verdad, que las medidas coercitivas son las más útiles si queremos que algo cambie. Por ejemplo: ¿qué es más útil, a la hora de pagar a Hacienda, hacer publicidad de todo lo bueno que se hace con nuestros impuestos o aumentar el número de inspectores? Todos sabemos la respuesta. Las prohibiciones y las sanciones suelen ser mucho más efectivas. Pero también debemos tener en cuenta que este tipo de respuestas condicionadas son más efectivas en personas menos maduras (menos libres) desde el punto de vista psicológico.

Permitidme que incluya aquí el *Soneto al Cristo cruci-ficado* escrito por un autor anónimo en el siglo XVI:

No me mueve, mi Dios, para quererte
el cielo que me tienes prometido,
ni me mueve el infierno tan temido
para dejar por eso de ofenderte.
Tú me mueves, Señor, muéveme el verte
clavado en una cruz y escarnecido,
muéveme ver tu cuerpo tan herido,
muévenme tus afrentas y tu muerte.
Muéveme, en fin, tu amor, y en tal manera,
que, aunque no hubiera cielo, yo te amara,
y aunque no hubiera infierno, te temiera.
No me tienes que dar porque te quiera,
pues, aunque lo que espero no esperara,
lo mismo que te quiero te quisiera.

Con independencia de su planteamiento religioso, creo que es una poesía preciosa para explicar una idea profundamente humana. El ser humano libre lo es cuando supera planteamientos simplistas de lo bueno y lo malo. Si hago el bien por miedo al castigo o por deseo de alcanzar un premio (para evitar el infierno o para ir al cielo), en el fondo actúo por mi propio interés. Hacerlo por esos motivos no es malo, de hecho, es bastante humano, pero hay un fin claramente superior y es comportarse así por amor, sin importar cómo me vaya a ir tras realizar una determinada acción. Pongamos un ejemplo educativo. Sería muy triste y empobrecedor que uno de mis hijos se esforzara por aprobar todas las asignaturas en la universidad con el único fin de pasar un buen verano o porque yo le fuese a comprar una videoconsola. Evidentemente, estos fines mueven a las personas, pero suelen desaparecer; sería así si mi hijo descubre que tiene que aprobar porque es bueno para él. Porque así conseguirá un mejor trabajo en el futuro. Porque será mejor profesional. Ese fin será entonces más poderoso y consecuente, y le movilizará mucho más. Ese fin será claramente superior, mucho más profundo desde el punto de vista antropológico y, desde luego, mucho más trascendente. Lo explicaremos con detalle en el último capítulo.

Creo que ahora se entienden mucho mejor las fantásticas consecuencias que conlleva educar a alguien en la libertad.

La libertad es incompatible con la dependencia emocional

Terminamos este capítulo volviendo a hablar de salud mental. La mayoría de las personas no son libres porque no quieren serlo. Porque tienen pánico a ejercer la libertad. Y es que hace falta ser muy valiente para atreverse a ser libre. Para serlo de verdad hay que pensarlo poco. Y también hay que estar un poco loco. No es nada fácil aceptar que somos libres, aceptar que el resultado depende de nosotros. Que podemos decir que sí o que no. Que podemos presentarnos o dejar la plaza desierta. Que podemos pedirle el teléfono a esa persona que tanto nos gusta o no hacerlo por miedo. Que podemos escribir un libro (y aceptar que nos digan lo malo que es) o permanecer toda la vida con ese deseo insatisfecho. Para ser libres debemos superar el miedo al fracaso. Pero mucha gente no lo hace. No es capaz de asumir el reto. Y toma la peor de las decisiones: dejan que sean otros los que decidan por ellos.

Ese error es propio de personalidades dependientes. Y lo más peligroso que tiene ser así es toparse con una personalidad dominante. Ya sabemos que los polos opuestos se atraen. Y es que hay algunas personas fanáticas que creen, esa es su perversión, que esta es la forma suprema de amor: si me amas de verdad, hasta los tuétanos, debes pensar en todo como yo. Confunden la entrega al otro con la sumisión y la dominación.

Es en este humus en el que nace la violencia familiar, profesional y social. Mi jefe, mi marido o mi pareja, coarta mi libertad hasta límites insospechados. Y me somete al peor de los chantajes emocionales: si me quieres, tienes que demostrármelo. Debes arrodillarte ante mí y estar a mi servicio. Hacer lo que te pido. Sin cuestionarme nunca. Obedecer sin rechistar. Algunas personas son aún más sádicas y no solo se conforman con nuestros actos, sino que pretenden algo aún peor: dominar nuestros pensamientos, nuestros deseos, nuestros anhelos. Cuántas dictaduras políticas, cuántas corrientes sectarias, cuántas escuelas fanáticas han basado su acción en esto.

¿Y quiénes son los que suelen caer en dichos grupos? Aquellos que tienen una personalidad más vulnerable y libre. Aquellos que son menos libres. Los que tienen rasgos de personalidad dependientes son especialistas en poner sus decisiones en manos ajenas. ¿Por qué? Porque tienen pánico a equivocarse. A decidir. A elegir. Tienen pánico al error. No son capaces de ser libres. Y así se van a pique. Pierden el partido más importante de sus vidas por incomparecencia.

Según la clasificación internacional de enfermedades (CIE-10), el trastorno de personalidad dependiente se caracteriza por

una dependencia pasiva prevalente de otras personas para tomar decisiones en la vida, tanto las importantes como las menores. Hay gran temor al abandono, sentimientos de desamparo y de incompetencia, complacencia pasiva con los deseos de los mayores y de los demás, y una débil respuesta a las demandas de la vida cotidiana. La falta de vitalidad puede hacerse evidente en las esferas intelectual o emocional. A menudo hay tendencia a transferir la responsabilidad a los demás.

Podríamos decir que, junto con las neurosis, este es otro trastorno de la libertad. ¿Cómo liberarse de él? Primero, como en todas las enfermedades mentales, reconociendo que lo tenemos. Las personas dependientes creen que son como hay que ser. Que se es mucho más útil obedeciendo a ciegas que tomando la iniciativa. La obediencia, que es una virtud propia de las personalidades fuertes, cuando es auténtica es creativa, reflexiva. El que obedece no es esclavo, sino que es esclavo el que obedece sin pensar. Sin cuestionarse si lo que está haciendo es correcto. Sin plantearse si está en la verdad.

Todos obedecemos continuamente. A la familia, a los amigos, al compañero y al jefe. Es básico para que una sociedad funcione y prospere. Si todos fuéramos por libre, a nuestra bola, siguiendo nuestro propio interés, el mundo sería un lugar caótico, una sociedad ingobernable. Eso no es ser dependiente. Ser dependiente es considerar que mi criterio nunca es válido. Que lo que yo pienso no debo ni verbalizarlo. Que es mejor ni siquiera plantear una alternativa a aquello que me proponen. Que es de soberbios tener iniciativa.

Ahora entendemos cuáles son los rasgos que acompañan a los dependientes: complejos de inferioridad, baja autoestima, sensación de inseguridad, impulsividad, vulnerabilidad emocional, comportamiento fóbico y evitativo. En este caldo de cultivo es lógico que nazcan la depresión y la ansiedad.

Las personas dependientes primero deben reconocer que lo son y luego intentar dejar de serlo. Y para ello es fundamental que descubran que ellas mismas son sus peores enemigas. Su principal mecanismo de defensa es echarle la culpa a los demás. Me dieron malos consejos. Abusaron de mí. Me engañaron. Me manipularon. Me controlaron. No tengo ninguna culpa. No soy responsable de lo que pasó. No pude hacer nada por evitarlo. Solo cumplía órdenes. Son los demás los que me utilizaron. Las personas con dependencia emocional tienen el problema de que están demasiado influenciadas por la opinión ajena. No piden opinión para formarse, sino para evitar asumir responsabilidades. En definitiva, tienen pánico a ejercer la libertad. Prefieren que sean otros (los medios de masas, los creadores de opinión, sus superiores jerárquicos, los influencers, los publicistas, es decir, los que mandan) los que les digan cómo tienen que pensar y cómo tienen que vivir.

El dependiente prefiere mirar hacia fuera. No quiere ser libre porque es más cómodo posicionarse en el papel de víctima. Es más fácil ser empleado que jefe. Es más sencillo cumplir órdenes que darlas. El dependiente se cura, o al menos mejora, cuando descubre su craso error. Deje de comportarse así. Deje de pedirle consejos a todo el mundo. Deje de ser un esclavo de lo que dicen de ti. Del qué dirán. De lo que los demás esperan de usted. Tenga la valentía de ser usted mismo. De tomar sus propias decisiones. Abandone el lamento crónico de la queja. Asuma la responsabilidad de sus acciones. Decida. Cambie. Opine. Intervenga. Piense. Reflexione. Diga que sí. Diga que no. Comprométase con el bien. Niéguese a hacer el mal. Lo que no le conviene. Aunque se lo ordenen sus mismos padres. Aunque se lo sugiera ese que dice que le quiere. Deje de esconderse detrás de la cortina de su conciencia. Le guste o no, se le ven los pies. Dé un paso al frente. Preséntese voluntario. Levante la mano. Lleve la contraria.

Dejemos de tener tanto miedo a ejercer la libertad.

7

EL HOMBRE LIBRE NO PIENSA LO QUE QUIERE

Aprender a pensar en realidad significa aprender a desarrollar cierto control sobre cómo y qué se piensa. Significa ser consciente y estar lo suficientemente atento como para elegir a qué cosas prestar atención y elegir cómo uno construye significado a partir de la experiencia. Porque cuando en su vida adulta uno no puede o no está dispuesto a ejercitar esa clase de elección, está totalmente vendido. Pensad en el viejo tópico según el cual «la mente es un siervo excelente, pero un amo lamentable».

David FOSTER WALLACE, *Esto es agua*

La verdadera libertad se fragua por dentro

Si queremos que nuestros hijos sean libres, debemos enseñarles a pensar. Si nosotros aspiramos a ser libres, debemos aprender a hacerlo por nuestra cuenta. Si no, no lo estamos haciendo bien. Una persona libre es una persona de palabra, una persona con criterio. Tiene libertad de pensamiento. No teme que le lleven la contraria. La persona libre lo es porque se enfrenta con paz a los que piensan diferente. Se junta con los disidentes. Huye del gueto y la secta. Combate el error con la palabra. Acepta la posibilidad de no llevar razón. Normalmente, esta capacidad empieza a ver la luz en la adolescencia. Por eso los adolescentes están siempre a la contra. Dejan de ser sumisos. Rompen con lo establecido. Se saltan la norma. Y es natural y bueno que lo hagan. Es imprescindible que se cuestionen cosas. Si no lo hacen jamás serán libres.

La libertad empieza a forjarse cuando el individuo no tiene miedo a desarrollar su capacidad innata de pensar, razonar, reflexionar y planificar. Es imposible ser libres si antes no hemos cultivado el pensamiento crítico, la oratoria y la lógica, la capacidad para dialogar y discutir, la dialéctica y la lingüística. Fíjense en que son multitud quienes viven anclados en la trinchera de sus errores, mostrándose incapaces de establecer ningún tipo de comunicación con los que piensan distinto. Con esos no me hablo que no son como yo. El que se refugia en sí mismo suele tener mucho miedo a que alguien le haga ver su equivocación.

Algunos lectores pensarán que, para no ser así, hay que ser muy listo. Que para poder cuestionar lo establecido es imprescindible ser muy inteligente. Qué duda cabe que el pensamiento es propio de personas cultivadas y que es más profundo y auténtico cuando se es más intelectual, pero no nos escudemos en esa excusa. Para llegar a ser libres no hay que ser tan listos ni estar dotados de los más altos cocientes de inteligencia. Ninguna persona es capaz de obtener la libertad en su total plenitud. Solo podemos ser más o menos libres. Y en cualquier momento de nuestras vidas podemos menguar o crecer, avanzar o retroceder. A nadie se le exige ser el más listo de la clase. Pero sí que se nos pide que crezcamos. Y en esto último consiste la conquista de la libertad: en crecer.

Identifiquemos cómo estamos por dentro. ¿Nos cultivamos? ¿Leemos? ¿Nos formamos? ¿Acudimos a las fuentes? Internet nos ha proporcionado una fuente inagotable de conocimiento. Pero también de mentira, difamación y delirio. Hoy más que nunca se vuelve imprescindible desenterrar los principios y argumentos de autoridad. Leer los clásicos. Rescatar las humanidades. El creciente envilecimiento y desesperanza de las sociedades modernas se debe a su desprecio sistemático a la filosofía.

No hay otra fórmula, por costosa que esta parezca: una persona solo es libre si es capaz de pensar y juzgar por sí mismo. Si decide hacerse buenas preguntas y buscar sus propias respuestas.

¿Qué es la libertad interior?

Hay numerosas definiciones de este concepto, pues se relaciona con diferentes aspectos de nuestra vida. Nosotros nos referimos en este apartado al dominio de los pensamientos. Como se dice en la Biblia: «De la abundancia del corazón habla la lengua». Si dominamos lo que pensamos seremos capaces de controlar lo que decimos y, dado que el lenguaje es el que crea el mundo en el que vivimos, conseguiremos vivir en un mundo más sano. Más saludable para nosotros mismos y para quienes nos rodean. La persona que alcanza las más altas cotas de libertad interior tendrá la capacidad de vivir positivamente cualquier situación, permitiendo que no le domine lo externo por muy adverso que sea.

Yo soy alguien que puede desear, esperar, decidir y hacer algo. La libertad interior es mucho más difícil de quebrantar que la exterior. Pueden detenerme, encarcelarme y ponerme grilletes. Pueden callarme y taparme la boca con un esparadrapo. Pueden obligarme a guardar silencio, pero lo que nadie podrá hacer, si yo me niego, es coartar lo que deseo. Que alguien externo sea capaz de controlar mis pensamientos.

Como psiquiatra, uno de los delirios que aparecen con mayor frecuencia en pleno brote psicótico esquizofrénico es el de lectura del pensamiento. El paciente cree que los demás pueden saber lo que piensa, pueden dominarlo desde fuera, conocer hasta la más inconfesable de sus intenciones. Lógicamente es un delirio que va unido a una alta dosis de angustia, pues que los demás pudieran saber qué queremos hacer y qué deseamos nos produciría sin duda esta sensación. Menos mal que es solo una locura. Es imposible, y siempre lo será, poder leer la mente de otra persona. La telepatía, gracias a Dios, es una utopía. Lo que pensamos dentro de nuestro aparato mental solo nos pertenece a nosotros. Y ahí es donde se fragua el bien y el mal, la difamación o el plan homicida, la bondad o la oración mental con Dios. Nosotros decidimos, como en tantos ámbitos de nuestra vida, cómo ejercer este tipo de libertad. Nadie nos la puede arrebatar.

Así lo dejó recogido el psiquiatra y filósofo austriaco Viktor Frankl, que estuvo durante tres años en cuatro campos de concentración y que contó su experiencia en el magnífico libro *El hombre en busca de sentido*:

> A diario tenían la oportunidad de tomar una decisión, decisión que determinaba si uno se sometería o no a las fuerzas que amenazaban con arrebatarle su yo más íntimo, la libertad interna que determinaba si uno iba a ser o no el juguete de las circunstancias, renunciando a la libertad y a la dignidad. Al hombre se le puede arrebatar todo salvo una cosa, la última de las libertades humanas, la capacidad de elegir la actitud personal ante un conjunto de circunstancias. Es esta libertad espiritual la que no se nos puede arrebatar. Esa libertad espiritual es lo que hace que la vida tenga sentido y propósito. Quien perdía la fe en el futuro, en su futuro, estaba condenado.

Sabias palabras que nos deberían llevar a reflexionar. Quienes crean que no pueden ser libres, que están atenazados por todo tipo de factores que los condicionan continuamente deberían plantearse por qué alguien que está encerrado en un campo de concentración ha llegado a los más altos niveles de libertad. Es cierto que algunas enfermedades mentales (como los cuadros obsesivos graves o los cuadros psicóticos con predominio de delirios y alucinaciones) pueden constreñir y dificultar el dominio de la libertad interior, y en ese caso recomendamos iniciar un correcto plan terapéutico. Pero la mayoría de las veces no alcanzamos ese grado de libertad porque ni siquiera nos lo proponemos.

La libertad interior tiene mucho que ver con la libertad moral, con la capacidad de elegir bien o mal. Cuando alguien nos obliga a hacer algo a la fuerza no somos del todo responsables de las consecuencias de dicho acto. Pero incluso en las circunstancias más adversas de la vida podemos seguir siendo libres. Déjenme que les cuente la historia de Bosco Gutiérrez y el vaso de whisky. Es fácil encontrarla en internet. Bosco es un arquitecto mexicano que fue secuestrado en 1990. Estuvo 257 días encerrado en un zulo de pocos metros cuadrados. El día que se celebraba la independencia de México sus captores le dijeron que podía pedir lo que quisiera y él les dijo que quería un vaso de whisky con hielo. Cuando estaba a punto de saborearlo, escuchó que Dios le pedía que se sacrificara y que no se lo tomara y, entonces, decidió tirarlo por el retrete. Según cuenta él en conferencias que ha dado por todo el mundo, fue el mayor acto de libertad de su vida y a partir de ese momento cambió el chip y decidió que, a pesar de estar recluido y encerrado, iba a aprovechar el tiempo: dejaría de compadecerse, pensaría en su familia, tendría un horario y rezaría. Hoy en día, muchos años después de su liberación, dice que nunca fue más libre que cuando estuvo secuestrado. Me parece una historia conmovedora, muy humana y muy real. La libertad tiene muy poco que ver con lo externo.

El mismo ejemplo lo vemos en la figura de Nelson Mandela, un activista y político sudafricano que se comprometió a luchar contra las leyes de segregación racial conocidas como «apartheid». Tras ser encarcelado por ello durante veintiocho años en una prisión de alta seguridad situada en una isla y ser obligado a realizar trabajos forzados, fue liberado en gran parte por la presión internacional. Posteriormente alcanzó el poder tras ganar las primeras elecciones democráticas de Sudáfrica. Quizá lo fácil para él habría sido tomarse la revancha y vengarse de todos los que le hicieron mal, pero escogió una decisión mucho más sabia: optar por la reconciliación nacional. Hoy Nelson Mandela es un símbolo internacional de lucha contra la opresión y la discriminación. Alguien que aprovechó su cautiverio para conquistar su libertad interior.

Y la libertad, así entendida, nos lleva a la alegría. Las personas libres son optimistas no porque crean que todo va a salir bien por arte de magia, sino porque creen que el hecho de que las cosas salgan bien depende de que hagan un uso adecuado de su libertad. Y esa idea calma, fortalece y anima. Quita tensión porque dejamos de esperar a ver qué va a suceder y pasa a la acción. Nos comprometemos con el futuro. Decidimos ser protagonistas. No miramos hacia fuera, sino hacia dentro. Y no para encerrarnos en la cárcel de nuestro ego, sino para conocernos mejor y saber con lo que contamos. Como decíamos antes, nos centramos en la jugada, no en las cartas que nos tocan.

¿Cómo conquistar la libertad interior?

Tendemos a creer que solo se crece (o decrece) en libertad por los actos externos que hacemos (o dejamos de hacer), pero no es del todo cierto. Las personas son realmente libres cuando han conquistado su libertad interior, ese espacio de intimidad en el que podemos campar a nuestras anchas porque lo hemos enfocado de forma correcta. Cuando pensamos bien no tenemos miedo de ponernos a ello. Nuestros pensamientos no nos llevan al miedo o la angustia, sino que somos dueños y señores de nuestros propios pensamientos. Defendemos nuestro mundo interno con gallardía.

¿Cómo podemos conseguirlo? Hay miles de ejercicios. Para empezar, no debemos permitir que cualquier imagen, persona o ideología entre en nuestro cerebro y coja forma. Hoy más que nunca vemos el dominio que tiene la tecnología. Millones de horas y días perdidos en ver vídeos o noticias que o bien no nos aportan nada, o bien nos hacen un daño tremendo. Pensemos en los contenidos violentos, sexuales, delirantes o falsos que dominan la red y nos arrebatan la libertad. Nos convierten en peleles de una moda determinada, en marionetas de la publicidad, en viles siervos del poder. Cada cual deberá pensar de forma individual cuál es el demonio propio que tiene que combatir. Pero no nos quepa ninguna duda de que cada cual tiene el suyo. Y que si respondemos que estos temas no nos cuestan, es porque estamos tan derrotados y enfangados que ni siquiera nos damos cuenta. Por tanto, el primer paso es poner un cerco a los estímulos externos. Cortar por lo sano con aquello que nos envilece. Apague el móvil. Abandone el ordenador. Deje de ver esa serie tan absurda de no sé cuántas temporadas. Y si no es capaz de hacerlo al principio, póngase filtros, limitadores de tiempo. Abra los ojos y ábrase a los demás. Nos espera un mundo apasionante repleto de buenos pensamientos. Como dice Hegel en *Principios de filosofía del derecho*: «Solo por medio del cultivo de su propio cuerpo y espíritu, esencialmente cuando su autoconciencia se aprehende como libre, se torna él en posesión y deviene propiedad de sí mismo y frente a los otros».

Mantener los pensamientos e ideas bajo el control de nuestra voluntad para no permitir que nos dominen, para no llegar a pensar lo que no debemos, es más fácil de lo que parece. Sigamos poniendo ejemplos: acostumbrémonos a no pensar lo que no debemos. En el trabajo alguien nos pone verde a un compañero. Pensamos mal del vecino porque esta mañana no nos saluda. Odiamos a nuestra suegra porque se ha olvidado de hacernos un regalo por nuestro cumpleaños. Cualquier estupidez. Cualquier chorrada. «Chominás campestres» lo llaman en Jaén. Tonterías absurdas que nos quitan la paz. Y nosotros nos dedicamos a alimentar esto día a día, convirtiendo la herida en una hemorragia. Con mucha frecuencia le digo a mis pacientes: «Su problema es que usted tiene un canario maligno metido en la cabeza y está demasiado acostumbrado a darle alpiste todos los días. Deje de alimentarlo, mátelo de inanición». Dejemos de darle coba a la maldad, pues darle pábulo a la nimiedad es un camino seguro hacia la tristeza. Las cosas leves son leves. No le demos más vueltas.

Puedo asegurarles que un infinito número de delirios de contenido paranoide comienzan de la manera más simple. Se empieza por pensar lo que no debe, se continúa juntándose con quienes piensan tan mal como yo y se acaba montando un grupo sectario dominado por la conspiración paranoide. Terminaremos por pensar que no se sabe muy bien qué grupo está a punto de conquistar el mundo. Y pasaremos horas leyendo blogs fanáticos que corroboran nuestra historia. Así les fue a los que entraron a la fuerza en el Capitolio de Washington. Mientras estaba preparando este libro, salí a pasear por las calles de Granada y me topé de frente con una manifestación de antivacunas. Solo hace falta ver el tipo de argumentos que esgrimen y la violencia verbal que usan para darse cuenta de que lo que dicen no es verdad. Viven esclavizados por el error de la ignorancia.

Quien no purifica sus pensamientos tiende a pensar mal. Y quien piensa mal acabará por inventarse enemigos de papel. Amenazas fantasmas. Delirios mesiánicos. Misiones megalomaniacas. Estupideces cósmicas. Acostumbrémonos a pensar bien. Decía Goethe que «cuando tomamos al hombre tal y como es, lo hacemos peor; mas cuando lo tomamos como debe ser, entonces lo obligamos a lo que puede ser». Es decir, que cuando pensamos mal de los demás, los ennegrecemos, oscurecemos, empeoramos, minusvaloramos, dejamos de creer en ellos. Por el contrario, si pensamos bien de los otros, cuando tendemos a poner en ellos la mejor de las intenciones, los obligamos a ser mejores y los ayudamos a progresar.

¡Cuántas lecciones podemos sacar de esta idea! Cuántas ideas se pueden aplicar para el día a día. Pensar bien de los otros. Desearles lo mejor. Quedarnos con la mejor versión de su conducta. Disculpar sus intenciones. Si funcionamos así, el mundo será mejor y, además, alcanzaremos un gran bien de forma indirecta: los demás también tenderán a disculparnos, nos mirarán con ojos limpios, desprovistos de maldad. Recogemos lo que sembramos. Lo que vemos en los demás es lo que los demás ven en nosotros. Quien está todo el día criticando a los demás de forma despiadada y cruel dará más impresión de que lo único que está haciendo es hablar de sí mismo.

Como Don Quijote, influidos por los libros de caballerías, podemos coger un caballo e irnos a luchar contra molinos de viento o bien podemos tener la valentía de enfrentarnos a un enemigo real. Ese que anida dentro de nosotros mismos, en el centro mismo de nuestro pensamiento. La persona libre debe cuidarse mucho a la hora de pensar. Debe aprender a hacerlo con claridad. Ahora se entiende por qué se escucha ese mantra en tantas películas y series de televisión: «No pienses: limítate a seguir tus instintos». Y, claro, así nos va.

Pensemos correctamente, en la buena dirección. Liberémonos de lo que nos sobra. También, aunque cueste, de la visión que tenemos de nosotros mismos. Para conseguirlo debemos ser sinceros. Debemos empezar dicha búsqueda siguiendo el rastro de la verdad.

La verdad os hará libres

«La verdad os hará libres»: capítulo 8, versículo 31-32 del Evangelio de San Juan. Qué verdad más grande. Con solo esa frase de cinco palabras podría escribirse todo un tratado de filosofía. Y es que de ella se desprenden numerosas consecuencias. La primera es que el hombre libre conoce la verdad, pues es imposible serlo en un mundo de mentiras y tinieblas. Ya hemos puesto numerosos ejemplos de ello a lo largo de este libro. Cuando no sabemos lo que es la libertad, cuando la buscamos donde no se encuentra, cuando evitamos ejercerla por miedo a equivocarnos, cuando no pensamos con claridad... Entonces no podemos ser libres. Es imposible. Nos hemos dejado caer en el pozo de la patraña y el engaño.

Cuando el ser humano piensa con libertad su pensamiento se asemeja a la verdad. Y aquel que cumple su cometido, que llega a ser el que estaba llamado a ser, vive su vida con autenticidad. Sin doblez ni engaño. Para alcanzar dicho objetivo es imprescindible ser sinceros con nosotros mismos. Las personas libres no viven una doble vida. No dicen una cosa y luego hacen la contraria. Su sí es sí y su no es no. Son gente de palabra. Lo que dicen tiene tanto peso, o más incluso, que aquello que ponen por escrito. Eso no quiere decir que sean perfectas, pues ya hemos dicho antes que la perfección es un objetivo inalcanzable, sino que viven en la verdad. O lo que es lo mismo: aceptan sus errores, los reconocen, no tienen miedo a que se sepa cómo son, cómo piensan y cómo se comportan.

La mejor manera, de hecho, la única que hay, de alcanzar la verdadera libertad es aceptar nuestra verdad. Reconocer cómo somos. Ser lo bastante sinceros para aceptar lo que somos y cuál es nuestra vocación. Leo un aforismo en el libro *Palomas y serpientes*, de Enrique García-Máiquez, buen escritor y buen amigo mío, que dice: «La vocación es enamorarte perdidamente de tu destino». Parafraseando esta idea, podríamos decir que la libertad es aceptarse, sin excusas ni maquillajes, tal como se es. Es un buen primer paso que nos conduce por el buen camino. Decía el escritor Hermann Hesse que «la verdadera profesión del hombre es encontrar el camino hacia sí mismo». Todo eso está muy bien, pero solo para empezar. De muy poco sirve la libertad si luego no sabemos muy bien qué hacer con ella. Y esta se ejerce plenamente cuando se abre a los demás. Y así se entiende mejor la etimología de la palabra «vocación» (del latín «vocatio», que significa «llamada»). Seguir nuestra vocación es responder a la llamada. Solo así alcanzaremos la libertad.

Esta apuesta decidida por encontrar la verdad, además,

es la mejor vacuna contra el cinismo. Leo en *La broma infinita*, de David Foster Wallace, la siguiente afirmación: «La verdad es lo que te hará libre. Pero hasta que no haya acabado contigo». Quizá este autor, de una inteligencia cercana a la genialidad, pensaba que demasiada verdad podía llegar a ser incómoda. Podía llegar a «acabar contigo». Muchos otros artistas modernos han llegado a la misma conclusión. Les recomiendo escuchar «Alférez provisional», del grupo musical Los Punsetes, una canción que nos va metiendo el miedo en el cuerpo hasta acabar con un lacónico y deprimente mensaje: «No sería peor que decirme la verdad». En ese sentido, querer conocerlo todo puede convertirse en una losa para alcanzar la libertad. Cuando la verdad es negativa, cuando habla mal de alguien, cuando escandaliza, debemos plantearnos si no es mejor taparla. Los conocedores de un delito o de una injusticia tenemos el deber moral de ponerlo en conocimiento de la autoridad. Pero este tipo de situaciones suceden pocas veces. Si nos enteramos de que alguien ha hecho algo malo, solo debemos comunicarlo si eso va a servir para que esa persona mejore y cambie. Si no, es mejor callar.

Pero, en realidad, no estamos hablando de la verdad sobre los otros. Nos referimos a la verdad sobre nosotros. Esa a la que le tenemos pavor. La verdad, para el ser humano actual, se ha convertido en un peso inaguantable, insoportable, un fardo difícil de sobrellevar. Podríamos decir que somos capaces de soportar el grado de verdad que nuestra madurez nos permite sostener. Y, al mismo tiempo, que cuanta más verdad toleremos mayor será nuestro grado de libertad. No tener miedo a la verdad: esa es la clave. Mirar cara a cara el espejo en el que se reflejen nuestras miserias y nuestros temores. Quienes lo consigan no temerán tanto la opinión ajena.

La verdad conduce a la paz. La falsedad induce violencia. Cuando nos pillan en un renuncio, cuando descubren nuestra fachada falsa, nuestro mundo de mentiras porque no somos sinceros, tendemos a recurrir a la violencia. Todos los culpables juran y perjuran que son inocentes. La cárcel está repleta de ellos. Y a veces lo dicen con tanta agresividad que no parecen ser conscientes de sus embustes. Mienten sin darse cuenta. Y esas son las terribles consecuencias de no vivir en la verdad: perdemos la credibilidad, nadie nos escucha, nadie nos cree. Y lo que es peor: nos perdemos el respeto a nosotros mismos.

Oigo una canción de mi idolatrado Joaquín Sabina titulada «Ganas de...», en la que dice: «Y la mentira vale más que la verdad y la verdad es un castillo de arena y por las autopistas de la libertad nadie se atreve a conducir sin cadenas». Imposible decirlo mejor. Es lo que tiene ser un buen poeta. No se puede ser libre si no desechamos aquello que no es verdad. No se puede ejercer la libertad llevando el freno de mano puesto. Sería tan absurdo como vano.

Créanme: pocas cosas dan más satisfacción que derrotar a la mentira. Me parece que ahí radica el éxito de muchas corrientes de psicoterapia. Como se dice vulgarmente: al médico hay que contarle siempre la verdad. Lo mismo pasa con el psiquiatra. En la consulta médica las mentiras cantan, salen a la palestra con tanta fuerza que acaban derribando todas nuestras farsas. Cuando descubrimos esa verdad que nos abruma, encontramos paz, alegría y libertad. Como en todas las conquistas de la libertad, descubrimos que no era para tanto y no entendemos cómo hemos sido capaces de vivir tanto tiempo en mitad de una fábula.

Pero esa libertad no se alcanza en un solo día, es una conquista diaria y hay que ganársela con no poca lucha, en un combate cuerpo a cuerpo. Hay que esforzarse por escudriñarla. Por alcanzarla. Es un premio que solo consiguen los valientes. Para ser libres de verdad hay que ponerse el mono de faena.

El pensamiento libre no suele ser mayoritario

La persona poco libre, la que no tiene un criterio propio, la que no cree en sí misma, se caracteriza por adscribirse siempre a lo que piensa y hace la mayoría. No estará mal si todo el mundo lo hace. Cuántos pacientes me han justificado su malestar escudándose en lo que ven que hacen los demás: «En este mundo nadie paga el IVA. Todos hacen facturas falsas. Nadie va de frente. En mi pueblo no hay ningún joven que no fume porros». Normalmente son excusas que utilizamos para justificar lo que nos incomoda de nosotros mismos. Pensar mal de todo el mundo se convierte así en un remedio eficaz para acallar la voz de nuestra conciencia. Piénsenlo. Lo hacemos todo el tiempo. Cada vez que aparece en nuestra vida algún fallo o error nuestro tendemos a ponernos a pensar en los fallos y errores ajenos. Es como si dijéramos: yo no estoy tan mal, ese está mucho peor. Pues menudo consuelo. Como dice sabiamente el refrán, «Mal de muchos, consuelo de tontos».

Quien aspira a la verdadera libertad no suele pensar ni hablar así. No se excusa con el mal ajeno, sino que se enfrenta con valentía a su verdad. Y no hace falta ser muy listo para darse cuenta de que ese grado de verdad, ese buen gusto por el bien y la belleza, no es algo muy mayoritario. Fíjense en qué piensa todo el mundo. En cuál es el libro más vendido o la serie más vista. La canción más descargada de la plataforma musical de turno. En ellos no encontraremos mucha verdad. El pensamiento libre no es mayoritario porque no es esclavo de las modas. Porque se fragua tras la lucha. Porque exige esfuerzo y dedicación.

Déjenme que les ponga un nuevo ejemplo. Hablen con alguien que sepa mucho de algo. De literatura, de arte, de música o de cine. Un auténtico melómano. Un adicto al cine. Y pídanle que les recomiende lo que más le gusta. Díganle a un crítico literario que les diga cuál es el mejor libro que ha leído en su vida. Pregúntele al experto en música cuál es el disco le ha impactado más de todos los que ha escuchado. Y veremos cómo en infinidad de ocasiones nos recomiendan algo que no somos capaces de entender. Para poder disfrutar de Kafka, para poder encontrar auténtico y verdadero placer contemplando una exposición de arte moderno es imprescindible haber sudado la camiseta primero. Podríamos decir que cualquier mundo artístico es una pirámide. Y para llegar a la cúspide debemos subir primero los escalones más bajos. Para entender una ópera hay que empezar por la música ligera. Para admirar a Pollock debemos empezar por Miguel Ángel.

De igual modo para poder conquistar nuestra libertad interior de forma plena debemos ser capaces de pensar por nosotros mismos. Primero hay que apoyarse en el andamio de la educación y luego, poco a poco, con mucha madurez, ir desprendiéndose de algunas cosas, recorriendo un camino propio, un criterio propio. La persona independiente es capaz de decir «Yo lo veo de otra manera» y después puede razonar, explicar el porqué de las cosas. Raramente, la mayoría puede decidir dónde está el bien o el mal. El sistema democrático es útil porque favorece la convivencia, pero no seamos tan torpes de pensar que ahí radica la verdad. El asesinato y la violación siempre serán un crimen inmoral, aunque un parlamento lo legalice por mayoría absoluta. Las leyes cambian, se contradicen y quedan obsoletas. Pero solo el ser humano, en su individualidad, en su libertad, en su mismidad, debe elegir y decidir qué es lo correcto. Y si no tenemos criterio propio, si no tenemos suficiente formación en un tema concreto, busquemos a alguien que sepa. Alguien del que nos fiemos. Alguien que nos haya demostrado, por su palabra y por sus obras, que tiene una vida plena.

Y es que no siempre suele coincidir lo que quiero con lo que me apetece. Es algo sobre lo que deben reflexionar todos aquellos lectores educadores y padres, todos aquellos con responsabilidad en el mundo de la formación. Educar a alguien no se basa solo en aumentar sus conocimientos, sino en acabar adecuando lo que les apetece a lo que quieren. En eso consiste educar el pensamiento libre y buscar la verdad.

Aprender a cultivar la libertad de pensamiento

En su ensayo *De la libertad*, John Stuart Mill nos dice que: «La región germinal de la libertad humana abarca, en primer lugar, el dominio interior del conocimiento y exige libertad de conciencia en el más amplio sentido, libertad de pensamiento y de sentimiento, y una absoluta libertad de opinión y de preferencias sobre todas las materias, sean prácticas, especulativas, científicas, morales o teológicas». Coincido con este autor en que una persona libre es la que puede opinar y decir lo que quiera, pero eso no significa, en ningún caso, que todo lo que opinemos y digamos sea cierto, sea bueno o nos haga gozar de un mayor nivel de libertad.

Por eso hemos empezado este capítulo diciendo que la persona no puede pensar lo que quiera. Es decir, que no puede ni debe pensar mal de los demás, pues si lo hace, conseguirá, como el peor de los bumeranes, que su acusación le golpee en la cabeza de vuelta. El que solo se dedica a acusar a los demás al final se condena. Del mismo modo también hemos explicado que quien busca la libertad debe liberarse de sus prejuicios y plantearse seriamente lo que es o no cierto. Las personas libres buscan de forma incansable la verdad.

Pero eso no quiere decir, de ninguna de las maneras, que no seamos libres de pensar lo que nos dé la gana. Obviamente podemos hacerlo y somos libres de pensar como nos plazca, pero cuando pensamos sin ser guiados por la verdad acabaremos por no poder hacerlo libremente. Por dejar de pensar con claridad. Como bien dice el popular refrán, «El que no vive como piensa acaba pensando cómo vive». La libertad de pensamiento debe estar enfocada a lo auténtico. Y la autenticidad es cristalina. No es subjetiva ni cambiante, sino más bien al contrario. Es sólida e imperturbable como una roca.

Con ello no me refiero a las cuestiones triviales y opinables, que son las más numerosas (y también las menos importantes). Sería bastante absurdo pretender encontrar la verdad poniéndose a discutir cuál es el mejor equipo de fútbol del mundo o en qué restaurante sirven la mejor paella. Ahí que cada cual piense lo que le dé la gana. Qué más da. Pelearse por eso es propio de personalidades poco evolucionadas, de gente que no ha sido capaz de superar las fases más inmaduras e infantiles de su vida. Nos referimos más bien a las cuestiones fundamentales, donde sí que es importante no meter la pata. Por ejemplo, si yo dijera que los negros son una raza inferior o que las mujeres no tienen los mismos derechos que los hombres (algo que, por desgracia, aún hoy se defiende en algunos países del mundo) amparándome en la libertad de cátedra y pensamiento, estaría cometiendo el peor de los errores.

Quien vive en el error, quien defiende a capa y espada la inmoralidad, no ha alcanzado la libertad de pensamiento. Vive anclado en un pensamiento empobrecido, simplista, poco profundo, demasiado manipulado. Y piensa así porque no ha leído ni reflexionado lo suficiente, o sea, porque no lo ha pensado. Veo un programa televisivo en la que el periodista Jordi Évole entrevista al expresidente Felipe González y este declara: «Soy libre porque digo lo que pienso y me siento responsable porque pienso lo que digo». Me parece una definición excelente. No existe libertad de pensamiento si no ha habido una reflexión previa. Cuando no nos paramos a pensar lo que decimos, nuestro pensamiento tiende a ser bastante necio. Una fuente inagotable de paparruchas.

Ahora entendemos por qué hay un cierto empeño en, como dice Woody Allen en el título de uno de sus libros, acabar de una vez por todas con la cultura. El inculto es manipulable. El analfabeto es vulnerable. Quien dispone de la información tiene el poder y quien no comunica lo que sabe, quien no forma al ignorante, comete en realidad una gran injusticia. El sabio tiene el deber moral de decirle a todo el mundo lo que sabe. Por eso, el maestro, cuando es auténtico, publica un libro, escribe un manual o da conferencias. Y cuando no lo es, se guarda para sí mismo su conocimiento. El ser humano libre lo es, entre otras muchas cosas, porque intenta influir en los demás. Comunicando lo pensado. Compartiendo lo descubierto. Fíjense en los que tienden a vivir encerrados y sin hablar con nadie. Suelen ser bastante esclavos.

La persona que no sabe nada, la que no se forma, la que no se cultiva, no podrá ser nunca libre del todo. Si no hemos luchado por tener libertad de conocimiento y por formar nuestra conciencia, si no hemos escudriñado nuestro interior preguntándonos si aquello que hacemos es bueno o malo, nos mejora o nos envilece, no podremos avanzar. La persona libre lo es porque ha dedicado tiempo a formar su conciencia y ahora puede decidir libremente, hacer lo que le da la gana, pues sabe perfectamente cuál es el resultado que dicha elección va a dejar en su alma.

Pero lo que sí que debemos reivindicar siempre es que, con independencia del grado de cultura o madurez de quienes nos rodean, siempre tenemos que respetar la opinión ajena. Por muy equivocada que creamos que esté. Lo que defendía John Stuart Mill era un derecho fundamental: la libertad de pensamiento, la libertad para decir lo que se quiera. Y la consecuencia natural de dicha idea es la libertad religiosa. Pocas cosas hay menos incompatibles con el hecho religioso que obligar a los demás a creer. Solo podemos creer en Dios si queremos, si somos libres para hacerlo. De la misma manera, tenemos derecho a asociarnos, a fundar un partido político. Es el derecho a la libertad de reunión y asociación.

Hoy todos estos derechos nos pueden parecer básicos, ya conquistados. Podría parecernos que solo faltan en aquellos países que aún no han progresado lo suficiente. Pero no cantemos victoria antes de tiempo. Muchas voces nos advierten que, de un tiempo a esta parte, la censura va imponiéndose de una forma sutil pero bastante pragmática. Acusando a cualquier disidente de fascista. Machacando en las redes sociales a cualquier persona que ose enfrentarse a la dictadura de lo políticamente correcto. Que nadie se pase de la raya. Demasiadas cosas empiezan a no estar permitidas. Ese es el peligro de la polarización. La gente no se tolera entre sí. Ni las ideas progresistas revolucionarias de carácter anarquista que vayan contra el sistema ni tampoco sostener posturas que reivindican el conservadurismo aconsejándonos y recordándonos lo mucho que de sabiduría tienen los clásicos. Quien actúa de esa forma solo pretende huir de sí mismo. No puede tolerar que el que piensa distinto pueda tener razón y por eso intenta un recurso absurdo: obligarle a no expresar su opinión.

No olvidemos que una determinada teoría se fortalece cuando se la pone a prueba. La verdad, cuando se ha instalado en la sociedad y deja de ser cuestionada y combatida por el poder, tiende a olvidarse a gran velocidad. Solo el que nos lo pone difícil es capaz de hacernos pensar. Rememoremos cuántas veces, en nuestra vida, hemos reprimido el derecho de nuestros contrincantes a pensar, hablar y razonar.

Las personas libres combaten el error sin inmutarse

Ya hemos dicho en el tercer capítulo que el ser humano libre está a favor de la paz y no es violento. Cuando se enfrenta al error, no tiene que sacar la espada, entre otras cosas porque sabe de sobra que usarla no sirve de nada cuando se está al servicio de la libertad. La verdad nunca puede implantarse en contra del criterio de los demás. Hay que respetar a los otros, aunque estos defiendan una postura intransigente, inhumana, fanática o incluso inmoral. Me viene a la memoria una frase de san Juan Pablo II: «Las verdades se proponen, pero no se imponen».

Más de uno debería revisar cuál es su concepto de tolerancia, pues al exponerlo parecen decir que consiste en aceptar y admitir a todos aquellos que piensan exactamente igual de ellos. ¡Menudo concepto de tolerancia! Deberían leer la definición correcta, según la Real Academia de la Lengua, la tolerancia es el «respeto a las ideas, creencias o prácticas de los demás cuando son diferentes o contrarias a las propias».

Si queremos que los demás mejoren, que evolucionen, que cambien y abandonen el error, que descubran la verdad y se liberen de una vez por todas, debemos mostrar otra actitud. Para empezar, deberemos reconocer que también nosotros podemos estar equivocados y que precisamente por eso no tenemos ningún derecho a sacar el látigo y fustigarlos. El pensamiento humano se crea y se moldea hablando con los que creen algo distinto, reconociendo todo lo que hay de verdadero y auténtico en el pensamiento ajeno y, a su vez, admitiendo todo lo que hay de falso e hipócrita en el nuestro.

Tener esa actitud en la vida nos aportará muchísima paz, hará que no entremos en conflictos pueriles y, lo que es mejor, permitirá que nuestro pensamiento evolucione en la dirección correcta, quitando lo que sobra y añadiendo lo que nos falta. El ser humano ha nacido y morirá incompleto, por lo que nunca podremos llegar a decir que ya hemos llegado, que ya lo sabemos todo, que ya ha sido suficiente, que ya lo hemos pensado todo. El saber humano es inabarcable y todos los días podemos aprender algo nuevo. Por eso debemos liberarnos también de nuestro conocimiento. No apegarnos a él como si fuera inmodificable, como si no pudiera mejorar y adornarse. No hay nada más sano, desde el terreno psicológico, que aprender a cambiar de opinión, reconocer que estábamos equivocados, y que eso que defendíamos con tanto ahínco podía incluir algún tipo de error.

También John Stuart Mill nos avisa que al reprimir la opinión ajena podemos cometer, sin quererlo, un acto de profunda injusticia. No solo contra el individuo que la emite y sostiene, sino contra el resto de la sociedad. Pues quizá esa opinión tenga algo de cierto, o incluso lo sea en su totalidad, y sirva para que el resto del mundo pueda crecer, madurar y evolucionar.

Leo otro aforismo de Lichtenberg: «A veces no salgo de casa en ocho días y vivo muy contento; un arresto domiciliario que me fuera ordenado por ese mismo periodo de tiempo me costaría una enfermedad. Donde hay libertad para pensar se mueve uno con ligereza en su círculo; donde se constriñe el pensamiento hasta lo permitido sale con gesto tímido». Cuando pensamos con claridad y libertad encontramos la paz y la tranquilidad en cualquier sitio. No necesitamos que la vida esté llena de planes superfluos o de propósitos perecederos. Quien tiene libertad interior es tolerante ante el error ajeno, por eso suele convertirse en maestro.

Ya dedicamos un espacio en el segundo capítulo a cómo podemos educar la libertad. A veces tenemos mucho miedo a que nuestros hijos piensen de forma distinta a la nuestra. A que no tengan nuestros mismos ideales o no defiendan nuestras verdades. Vivir esa tarea con miedo es el peor de los consejos. Obligar a nuestros hijos a que piensen como nosotros suele acarrear que se pongan a la contra, que salgan rebeldes, que vayan por libre, que se reboten. Y no es para menos. Si queremos educar a sujetos libres, acostumbrémoslos a hacerlos pensar. No nos escandalicemos por ninguno de sus planteamientos o preguntas. Ayudémoslos a pensar. Que sean críticos consigo mismos y con la sociedad en la que viven.

Tengamos la suficiente valentía como para permitir que crezcan y prosperen en sabiduría y libertad interior.

Libertad y sentimiento de culpa

Algunos, inspirados por Nietzsche, ya plantearon hace tiempo que el hombre, para alcanzar su completa libertad, debe liberarse del sentimiento de culpa. Sentirse culpable de algo, según estos autores, es síntoma de una enfermedad, algo propio de personalidades enfermas y neuróticas. No hay que sentirse culpable, pues eso es propio de una mentalidad infantil. No hay que arrepentirse de nada, pues eso es propio de cobardes. Por muy inhumano o malsano que nos parezca este planteamiento, vemos cómo atraviesa la cultura contemporánea con una fuerza atronadora. Solo hay que asomarse a un programa de televisión cualquiera o a los videoclips más vistos: observaremos a sus protagonistas haciendo el mal sin vergüenza; es más, jactándose de que se comportan así sin sentirse mal luego.

Pero es precisamente al contrario: no sentir vergüenza por nada, ser un sinvergüenza, es algo propio de una mente enferma. Ese síntoma, la ausencia de sentimiento de culpa, es una característica de las personalidades antisociales, lo que llamaríamos «psicópatas». Cuando vemos una noticia o un documental sobre un asesino en serie, sobre un violador o sobre alguien que mata a un inocente siempre nos invade el mismo sentimiento, un sentimiento bastante humano: ¿cómo es posible que esa persona hiciera lo que hizo y luego siguiera viviendo su vida como si tal cosa? Nos llama poderosísimamente la atención esto, pues sabemos que nosotros no seríamos capaces de algo así. La culpa nos mataría. Como nuestras madres nos decían de pequeños: se nos caería la cara de vergüenza.

Como ya explicamos al comienzo de este libro, el determinismo biológico es una de las causas que más se ponen encima de la mesa a la hora de justificar nuestra falta de libertad. Si solo somos genes, si nuestro cuerpo está predeterminado para seguir una única dirección, entonces no podemos ser libres y, por tanto, no existen acciones buenas o malas y, cuando actuamos de cierta manera, lo único que estamos haciendo es obedecer a nuestros impulsos e instintos, esos mismos contra los que no podemos luchar de ninguna de las maneras. Creernos a pies juntillas la hipótesis biologicista es una manera bastante burda de eliminar la libertad y, por ende, los sentimientos de culpa.

Pero esto no es tan fácil como parecen decirnos las apariencias. Vivir sin culpa, anestesiado de todo malestar espiritual, no es más que otra forma, si quieren algo más sibilina, de esclavitud. El sentimiento de culpa es muy parecido al dolor físico. El dolor tiene una función muy útil: nos avisa de que estamos sufriendo un daño y una lesión. Es algo malo, porque se pasa mal, pero resulta imprescindible. Nos advierte que nos estamos quemando, de que nos pinchamos, de que alguien nos ha pisado. Una de las enfermedades más graves que existen se produce al perder este nivel de alerta. Las personas que sufren la atrofia de su sistema de detección del dolor (del sistema nociceptivo, pues así se llama) tienden a perder tejidos o sufrir lesiones graves sin darse cuenta de aquello por lo que están pasando. Tienen, por consiguiente más probabilidades de morir que las personas sin esta afección.

De la misma manera, siguiendo el mismo símil, sufrir culpa es propio de personas sanas. Aquellas que detectan que no han hecho algo bien. Que suelen estar atentas a las amenazas que les señala el sistema radar que les marca su conciencia. Nuevamente aquí aparece la importancia de una conciencia bien formada, de saber lo que está bien y lo que está mal. Sin caer en el relativismo moral ni en su contrario: la obsesión repleta de culpa.

Pues no debemos olvidar que hay determinadas personas a las que les pasa justo lo contrario: caen en un obsesivo sentimiento de culpa que las hace ser escrupulosas y cuadriculadas. En todo ven pecado, falta y delitos. Y viven en un sinvivir. Todo está mal. Nada les satisface. Siempre podrían haberlo hecho mejor. También esta actitud puede llegar a ser bastante enfermiza.

Pero no pensemos que la solución a dicha actitud no puede ser lo que nos plazca. Tener libertad de conciencia no es sinónimo de no tener sentimientos de culpa. Una persona puede haber alcanzado los más altos niveles de libertad interior sin que ello implique que ya nunca se arrepienta de algo de lo que hace. Más bien al contrario, la persona humana, cuando es libre, ensaya un sano sentimiento de culpa ante el mal que hace. No se fía de sí misma, es crítica con su conducta, examina sus acciones. Reconoce sus faltas. Y eso le hace ser mil veces mejor, mucho más libre en el trato con sus semejantes.

Volvamos a la consecuencia práctica: ¿me echo la culpa de todo o soy más bien psicópata? ¿Por qué cosas suelo sentirme culpable? ¿Reconozco mis errores? ¿Intento reparar en la medida de mis posibilidades, el mal que he realizado? ¿Pido perdón? ¿Pido disculpas? Quien reconoce el mal que hace ha subido un peldaño de gigante a la hora de ascender la escalera que lleva a la libertad.

Las personas libres no son esclavas de su memoria

En un libro que escribí hace un par de años, *La belleza de vivir*, expuse la idea de que para ser felices no debíamos fiarnos mucho de nuestra memoria. Esta es mucho más engañosa de lo que parece. Los hombres libres no viven anclados a angustiosos recuerdos del pasado, pues saben que, si lo hacen, no podrán enfrentarse con libertad al futuro.

Creo que pocos escritores como el recientemente desaparecido Javier Marías han sabido plasmar de manera tan magistral el papel que la memoria tiene en nuestras vidas: cómo nos contamos las cosas, cómo nos gusta jugar con los engañosos contenidos de la memoria. Y si somos sinceros, descubriremos que muchas veces estamos amargados y tristes por recuerdos inventados. Por hechos que jamás sucedieron. O que acaecieron de una forma completamente diferente a como los recordamos. Nuevamente vuelve a salir así a la palestra un tema crucial: el perdón.

Quien perdona se libera y deja de vivir en el terrorífico castillo del agravio comparativo. No me quisieron lo suficiente. Me rechazaron demasiado pronto. No me dejaron ser yo. No contaron conmigo. Y así, una y mil veces. Si realmente hemos sufrido una injusticia, recordarla todos los días no nos va a llevar a superarla y, lo que es peor, a lo mejor esa injusticia es medio inventada.

Por eso, en tantas ocasiones, cuando contamos un hecho determinado o una situación concreta a las personas que nos quieren, estas suelen llevarnos la contraria o mostrar otro punto de vista. No lo hacen para fastidiarnos o para hacernos sufrir, sino porque, simplemente, tienen una perspectiva diferente. Seguramente porque sus recuerdos no coinciden con los nuestros, o porque su memoria les juega una mala pasada y recuerdan lo acaecido de forma bien distinta.

¿Quieren hacer un ejercicio práctico para descubrir hasta qué punto la memoria nos engaña? Hablen con su familia (padres, hermanos, amigos...) y recuerden junto a ellos cualquier hecho (difícil, complejo o traumático) del pasado en el que ellos también fueron protagonistas. Ya verán cómo su versión no coincide con la nuestra. A veces puede diferenciarse en pequeños matices, pero otras descubriremos con cierta sorpresa que su versión es completamente distinta. ¿Quién miente? Seguramente nadie. Todos hablan de aquello que recuerdan.

Ahora entendemos por qué tantas veces, en los juicios orales, es tan difícil llegar a la verdad. Los testigos y los acusados se contradicen. Y no siempre se debe a que quieran mentir o engañar, sino a que tendemos a tener un recuerdo adulterado de la verdad.

Si nuestros recuerdos y nuestro pasado nos persiguen, si nos apabullan y nos quitan la paz, ya va siendo hora de liberarnos de ellos. Dejemos de darle vueltas todo el rato: solo tenemos una vida y es demasiado breve como para vivirla mirando hacia atrás. No se puede conducir bien cuando solo miramos el espejo retrovisor. Sepultemos la maldad del pasado buscando la bondad del presente y deseando con coraje la esperanza del futuro. Dudemos de dichos recuerdos y practiquemos una sana amnesia. No llevemos a nuestra cabeza (y mucho menos a nuestra imaginación) aquel hecho, aquella persona nefasta que tanto nos hizo sufrir.

Este es uno de los mejores ejercicios que pueden hacerse para poder disfrutar de los más altos estándares de libertad interior.

8

LA LIBERTAD NO PUEDE EJERCERSE EN SOLEDAD

La libertad no es indispensable para que el hombre sepa qué quiere y quién es, sino para que sepa quién es y qué quiere.

Nicolás Gómez Dávila,
Escolios a un texto implícito

¿Son compatibles la libertad y el amor?

Es obvio que un gran número de personas, al preguntarse por la cuestión que abre este capítulo, dirán que por supuesto que sí. El amor y la libertad van unidos. Pero si lo piensan fríamente, descubrirán que no todo el mundo es del mismo parecer. Son infinitos los talleres de formación que hoy en día afirman que quieren luchar contra lo que denominan «amor romántico». Para ellos amar a alguien no quiere decir que nos sacrifiquemos por esa persona. Y así plantean un amor libre. Un amor sin ataduras. Una rosa sin espinas. Una relación abierta. Poliamorosa. Un amor líquido. Gaseoso. Como dice la primera frase de una canción de Lola Índigo titulada *Mujer bruja*, que refleja a las claras la mentalidad moderna: «Yo te aviso: me gusta sin compromiso».

Que cada cual haga lo que quiera. No seré yo, después de escribir este libro, quien no respete que otros defiendan un modelo distinto. Pero no coincido con esa postura. Hace ya muchos años que las comunas hippies fueron aniquiladas por la fuerza del sentido común. Cuando amo a alguien no lo comparto con todo el mundo. Lo quiero para mí. Algunos dirán que esa concepción del amor nos llevará a un amor posesivo y dependiente, que es de donde nacen las injusticias y las violencias. Esos mismos dirán que el amor es un constructo político y social, que puede modificarse desde la ideología. Pero yo, aceptando que puedo estar equivocado, pienso bien distinto. Creo que el amor está instalado en el corazón humano. Estamos antropológicamente diseñados para amar a alguien para siempre. Ese es nuestro interés y nuestro anhelo. El matrimonio es una institución humana. No ha sido creada por ninguna religión ni por ninguna corriente política. Por eso todas las culturas de este mundo han llegado a defender la misma institución. Un hombre y una mujer se desean amor eterno y fruto de esa relación nacen los hijos. A eso lo llamamos «familia». Y todos sabemos cuáles son los frutos sociales cuando la familia es fuerte, y cuáles son las terribles consecuencias cuando esta está desestructurada.

Así lo define de forma magistral Erich Fromm en su libro *El arte de amar*: «El ansia de relación es el deseo más poderoso en el ser humano, la pasión fundamental, la fuerza que aglutina a la especie humana, al clan, a la familia y a la sociedad». Y como nos dice nuestro querido C. S. Lewis en *Los cuatro amores*: «El eros hace que un hombre desee realmente no una mujer, sino una mujer en particular». Elijo libremente al ser amado. Elijo al que me gusta. Y no me gusta todo el mundo porque si me gustasen todas las mujeres, todos los hombres, es como si no me gustara ninguna. Y, de la misma forma, cuando amo a alguien de verdad lo amo por entero. Por eso es bastante absurdo, y muy poco práctico en términos operativos, decir que podemos enamorarnos a la vez de muchas personas. Creedme, el sultán del harén no ama igual a todas sus esposas. Seguro que las usa, las cosifica, las disfruta y las utiliza. Pero muy poco, por no decir nada, tiene que ver eso con el hecho de amar a alguien de verdad.

La libertad y el amor son compatibles, claro que sí, pero para eso debemos tener un concepto adecuado de lo que supone ser libre. Amar a otra persona con locura y darse por entero a ella, comprometerse con ella, sacrificarse por ella. Amar a otro con locura y darse por entero, comprometerse con él, sacrificarse por él. Amar a alguien tal como es supone dar rienda suelta a nuestra libertad. Quiero a una persona porque la quiero querer. El hombre y la mujer solo pueden entregarse a los demás cuando son verdaderamente libres. Amo a alguien porque me gusta. Lo quiero porque lo conozco. Pongo mi voluntad al servicio de ese amor. Todos los ejes están alineados y van en la misma dirección. No tengo que estar sometido a inútiles tensiones entre la cabeza y el corazón. Amo con la cabeza. Uso el «co-razón». Pongo en práctica un amor inteligente. Busco que la otra persona me ayude a ser mejor.

Para empezar a recorrer el camino del amor es preciso que primero nos deslumbre la otra persona. Descubramos lo que tiene de especial. Sepamos separarlo de la masa. Modificado por nuestra mirada amorosa, tenemos la capacidad de transformarlo en un ser único. Recomiendo a los lectores que escuchen la canción *No hay nadie como tú* de Calle 13. Les dejo una de las estrofas:

> *Hay cosas reales y melodramas.*
> *Hay laberintos y crucigramas.*
> *Existen llamadas que nadie contesta.*
> *Hay muchas preguntas y pocas respuestas.*
> *Hay gente valiente, gente con miedo.*
> *Gente que [sic] el mundo no le importa un bledo.*
> *Gente parada, gente sentada.*
> *Gente soñando, gente despertando.*
> *Hay gente que nace, gente que muere.*
> *Hay gente que odia y gente que quiere.*
> *En este mundo hay mucha gente.*
> *Pero, pero, pero...*
> *No hay nadie como tú...*
> *No hay nadie como tú, mi amor.*
> *No hay nadie como tú...*
> *No hay nadie como tú...*
> *No hay nadie como tú, mi amor.*
> *No hay nadie como tú...*

En este mundo hay de todo, pero cuando tú entras en escena es como si el tiempo se parara. Esa sensación increíble de encontrar lo que llevábamos toda la vida buscando. Podríamos escribir (y, de hecho, ya se han escrito) miles de libros sobre lo que supone amar a otro y sentirse correspondido, pero nos quedaríamos cortos. Las palabras se quedan cortas cuando quieren desvelar el misterio del amor. Ni siquiera Shakespeare lo ha conseguido. Y mira que muchos lo han intentado. Leo en un poema de Miguel Hernández titulado *Sonreír con la alegre tristeza del olivo* lo siguiente: «Cada día me siento más libre y más cautivo»; luego más adelante afirma: «Todo lo desafías, amor: todo lo escalas». Así es el amor auténtico. Te ata y te desata. Te libera atrapándote. Te obsesiona rompiendo las ataduras del alma.

Pero la intención de este pequeño manual no es hablar del amor. Baste aquí con afirmar que el amor y la libertad no solo son compatibles entre sí, sino que se complementan. No es posible ser libres si no hemos aprendido a amar, si no le hemos perdido el miedo al hecho de amar a otros y permitir que nos amen los demás. Y de la misma manera, e igual modo, si no fuéramos libres tampoco tendríamos capacidad de amar.

Si consideramos que el amor no es más que una vil atadura, una maldita cadena que nos condena, una máscara falsa que nos impide respirar y que no nos deja hablar, entonces no hemos encontrado eso de lo que estoy hablando. No amamos aún de verdad. Son muchos los escritores y filósofos que han tenido esa idea equivocada. Os regalo una frase de Kafka extraída de sus *Diarios*: «Yo, decaído como antes y como siempre. La sensación de estar atado, y al mismo tiempo la otra, la de que, si me desatara, sería peor aún». El amor no es una condena maldita. Todo lo contrario: es la esencia de la libertad. Si no lo vemos claro, es preciso darle una vuelta de tuerca. Según sea nuestro concepto de amor, así será el ejercicio de nuestra libertad. Me quedo con santo Tomás de Aquino: «Cuanto más grande es el amor, más grande es la libertad».

Y podríamos seguir dándole vueltas a esa idea porque tiene mucha miga. Obedecer a la persona amada se convierte en un acto supremo de amor. Cambiar pañales de madrugada. Ir de tiendas cuando no te apetece. Atender a un paciente los fines de semana. Cada cual puede poner aquí el ejemplo que más le afecte, el que más le fastidie. Hacer algo que nos cuesta y nos incomoda para aliviar el dolor ajeno es un acto supremo de libertad. Hay que ser muy libre y tener las manos muy sueltas para ser capaz de hacerlo. Si quiero y no puedo, entonces es porque no quiero. Y no quiero porque no estoy acostumbrado. Porque no soy libre de hacerlo. Todo esto chocará, y eso pretendo, con el pensamiento dominante. Ese que dice que sentirse obligado a hacer algo por los demás es solamente un acto de sumisión y dependencia. Pero no estoy de acuerdo. Quien se libera obtiene un premio mucho mayor del que conseguiría si solo se hubiera dedicado a satisfacer sus deseos. Todos los padres sabemos que el día de los Reyes Magos quien más disfruta es el que ve la cara de ilusión de aquel que recibe el ansiado regalo. Ese que, con tanto sacrificio de tiempo y dinero, hemos preparado.

El regusto amargo que desprende el desamor y el descontrol

Muchos me dirán y pensarán que todo esto que escribo está muy bien, que suena bien. pero que es demasiado bonito como para ser cierto. Las cosas no son así. No encontramos ese amor fácilmente. Solo hace falta ponerse a ver *First Dates*. Y, claro, como no lo encontramos, acabamos por cometer el error de pensar que no existe. Y, como buenos neuróticos que somos, pondremos la excusa de siempre: el mundo está fatal. Nadie ama a nadie. Todo el mundo va a lo suyo. Nadie busca nada auténtico. Todos tienen miedo al compromiso. Quizá esa sea una de las más terribles consecuencias que produce un amor basado en Tinder. Solo nos buscamos como desahogo: en el mejor de los casos, emocional; en el peor, fisiológico. Un mundo basado en relaciones tan huecas y vacías tiene los pies de barro. Un mundo de sexo a la carta, donde las relaciones sexuales no tienen nada que ver con el amor. Donde ambos amantes presuponen ser sinceros porque no se mienten entre sí. Todos saben que van a lo que van.

Como defensor a ultranza de la libertad, respetaré hasta la muerte el derecho de cada persona a liarse con quien quiera. Solo le diré a ese alguien que, si quiere, que lo piense. Que se responda a sí mismo, en la soledad de su habitación, si ese tipo de relaciones lo van a hacer más libre o serán su perdición. Pocas personas que actúen así me han dicho que están orgullosas de dicho comportamiento. Más bien al contrario, un gran número de ellas me ha pedido ayuda para dejar de actuar así. Ojalá pudiera encontrar a alguien que llenara mi vacío. Ojalá pudiera conseguir que mis relaciones amorosas no se basasen en el consumo impulsivo. «Yo me dedico a consumir cuerpos», me dijo hace no mucho un paciente de forma bastante gráfica. Y luego empezó a enumerarme las consecuencias de dicha conducta. Nada alegres. Nada liberadoras.

De forma muy gráfica y objetiva dice la socióloga alemana Gabriele Kuby en su libro *La revolución sexual global:* «La revolución sexual actual supone la destrucción de la libertad en nombre de la libertad». También me quedo con lo que nos dice el novelista John Steinbeck, ganador del Premio Nobel de Literatura, en su célebre obra maestra *Al este del Edén*: «De qué libertad gozarían los hombres y las mujeres si no se viesen constantemente engañados, atrapados, esclavizados y torturados por su sexualidad. El único inconveniente que te dará esa libertad es que sin el sexo dejarían de ser humanos y se convertirían en monstruos». No se trata, por tanto, de renunciar a la sexualidad y vivir como si fuéramos eunucos. Solo un plano trascendente puede sublimar de forma adecuada vivir sin sexualidad. Para el común de los mortales, el objetivo es vivir una sexualidad que nos dé felicidad, que nos llene de paz, que nos permita aprender a amar. Y es que creo que muchos reconocerán que el siglo XIX no vivió más angustiado con sus represiones sexuales que el siglo XX con su tan cacareada liberación sexual.

Escuchen una canción del grupo granadino Apartamentos Acapulco llamada «Scarlett» (¿harán referencia a

Scarlett Johansson?) cuya única estrofa dice así: «Tú me decías que me querías y que ibas a estar toda la vida conmigo. Tú me decías que me querías y era mentira». Me parece una canción genial. Y creo que habla de algo que nos angustia de verdad. Todos queremos que nos quieran para siempre. Todos queremos convertirnos en alguien especial para alguien. Y todos nos sentimos engañados cuando nos lo prometen y luego no nos lo dan.

Y ahora permítanme que sea malvado y que diga algo provocador que puede servirnos para hacernos pensar. Cuando tenemos muchas dificultades para encontrar un amor verdadero podemos echar balones fuera, pero también podemos ser más valientes y mirar qué tiene que ver con nosotros. Cada vez con más frecuencia me topo con amigos y alumnos (doy clase en la universidad) que me dicen que tienen muchas dificultades para conseguir amar a los demás a largo plazo. Hace poco, sin ir más lejos, una brillante alumna de Medicina me decía que estaba científicamente demostrado que una relación no podía alargarse más de siete años. Según ella, esa era la duración exacta del amor. Pasado ese tiempo, todo se marchita y se llena de ceniza. A partir de esa fatídica fecha aguantamos por aguantar, por lo que lo más inteligente y honesto que podemos hacer es romper la relación cuanto antes y buscar otra.

No creo que lleve razón y que una relación amorosa dure exactamente siete años. De hecho, hoy por hoy, lo hace muchísimo menos. Creo sinceramente que el principal motivo por el que las relaciones son tan frágiles y duran tan poco es porque no son libres. No se basan en la libertad. Son relaciones puntuales en las que puede haber química (y también física), donde puede haber pasión, no lo dudo, pero esta dura poco, como la llama de la cerilla. Se apaga enseguida. Y es que no podemos dar lo que no tenemos. Amar a una persona, amarla de verdad, supone darse por entero. Y si yo no me poseo, ¿cómo narices voy a poder entregarme? Una sociedad basada en el impulso, en la satisfacción inmediata del deseo, en el descontrol más absoluto, produce individuos esclavos de sus pasiones, incapaces de liberarse de las cadenas de sus apetencias. Creo que esa apuesta radical por el individualismo (un bien adocenado y promovido por un capitalismo salvaje plagado de empresas que trabajan para generar más y más deseos) solo produce sujetos que no se poseen, que no se tienen a sí mismos. Son como caballos desbocados sin rienda ni montura que solo saben dar coces al primero que pasa.

La justificación aristotélica de la esclavitud se basaba precisamente en este principio: el esclavo lo era por naturaleza, porque no era capaz de dominarse ni de tenerse a sí mismo. Hoy sabemos que esa idea es radicalmente equivocada: todos los seres humanos somos libres porque potencialmente podemos llegar a serlo, aunque luego, en la práctica, muchos renuncien a dicho objetivo y prefieran ser esclavos modernos, posesiones de otros, meros consumidores de productos ajenos. Esas son las fuentes modernas de la esclavitud.

En el terreno amoroso, como en cualquier otro, no

todo depende de mí. El factor suerte también influye, pero mucho menos de lo que parece. Cuando sabemos quiénes somos y lo que queremos es más fácil que lo obtengamos. Incluso podemos conseguir (aunque yo no lo recomiendo mucho) domesticar al buen salvaje. Son muy numerosos los ejemplos de personas que, viviendo en el más profundo caos vital, consiguieron cambiar gracias al amor.

¿Queremos cambiar, dominarnos, poseernos? ¿Ser dueños de nosotros mismos? ¿Ir a donde queremos? Pues enamorémonos con pasión de los demás. Decía Miguel de Unamuno que «todo acto de bondad es una demostración de poderío». Quien se enamora hasta los tuétanos, hasta lo más profundo de su alma, hace lo que debe sin mucho esfuerzo. Y lo hace porque quiere. Lo hace porque ha descubierto que alcanza mucha más felicidad cuando satisface el deseo ajeno que el propio. Recuerdo a un paciente que me decía muy enfadado: «Lo que no soporto de mi pareja es que me pide que haga cosas que yo no quiero hacer. Es muy egoísta. Quiere que me sacrifique». No sé de qué guindo se había caído, pero puedo asegurarles que no era uno en el que se pudieran degustar los frutos del amor.

Así nos lo recuerda el certero análisis del filósofo y sociólogo Zygmunt Bauman en su libro *Amor líquido*, en el que nos señala de forma valiente la tremenda fragilidad de los vínculos humanos en nuestra sociedad. Cada vez tenemos más conexiones, más conocidos, más contactos, pero también menos amor. De manera certera nos señala la diferencia entre el deseo (fuerza centrípeta) y el amor (fuerza centrífuga). El deseo va hacia mí, es egocéntrico y narcisista. Se centra en lo que me gusta y me apetece. Por contraste, el amor es liberador. Se da a los demás. Es generoso y me lleva a la donación.

Ustedes verán a qué debemos apuntarnos. Ustedes verán a qué color quieren apostar cuando se jueguen todos sus ahorros en la ruleta de la vida.

Para poder amar tenemos que dejar que nos amen

Me tomo un café con un amigo mío que se acaba de separar y me dice que ahora hace lo que le da la gana. Que no tiene que rendir cuentas ante nadie. Que está feliz. Que sale y entra cuando le place. Que está liberado. Que está haciendo cosas que hace mucho tiempo que no hacía y que pensaba que nunca volvería a hacer. Luego, un poco más tarde, ya más sincero, me habla de lo triste que está. De lo mucho que echa en falta a sus hijos. De que se siente solo. De que no duerme bien.

Los amores, por desgracia, no siempre son eternos. Y si se rompen, debemos plantearnos qué fue lo que falló y volver a reconstruir la vida sin estar todo el día lamentándonos de aquello. Pero difícilmente alcanzaremos la estabilidad si nos dedicamos a hacer lo que nos dé la real gana. Ninguna persona puede ser libre si no obedece algunas normas básicas.

En el libro *Mundus*, de mi querido amigo Higinio Marín, se expone un concepto de libertad en el que elegir es dejarse escoger o, lo que es lo mismo, proponerse para ser elegido. Y es que muchas veces nadie nos elige porque no nos ponemos a tiro. Ponemos tantas pegas previas, tantas dificultades, que el amor se vuelve no solo algo difícil, sino tremendamente imposible. Quien nunca encuentra a alguien o algo que encaje con él debería preguntarse primero si se deja, es decir, si se ofrece para que los otros le elijan. Si permite que los otros encajen con su persona. Quien dice que el otro debe cumplir no se sabe bien cuántas características no será capaz de encontrar a alguien que lo complete, que se adapte a lo que él ofrece. Normalmente los que piensan así suelen conocerse poco. Recuerdo a una paciente que, al contarme lo mal que le iba su matrimonio, acababa con un lacónico: «Y eso que yo habría podido casarme con quien quisiera». Quien piensa así vive en un mundo corroído por falsas imaginaciones. Pensar que nadie va a poder amarnos es tan sumamente ridículo como creer que todo el mundo puede amarnos.

Siguiendo a este mismo autor, podríamos descubrir que ser libre no consiste en elegir, sino en dejar que nos escojan. Para ser un buen conferenciante no debemos ofrecernos, sino esperar a que nos llamen. Para ser un buen amante y tener un amor correspondido no basta con llamar al sujeto amado, sino que es mucho mejor desarrollar armas de seducción que permitan que sea el otro quien se fije en nosotros. Hay miles de ejemplos de ello en la naturaleza, es interesante ver reportajes de animales en los que observamos cómo son los ritos del apareamiento cuando están en celo: esos cánticos de atracción, ese plumaje de colores brillantes, esos bailes cargados de saltos... Pues si eso es lo que hacen los animales, seres vivos muy inferiores a los humanos, ¿de qué no seremos capaces nosotros? Con frecuencia me encuentro con ese lamento vital: nadie me quiere. Acto seguido, hablamos de lo que se hace para poder ser elegido y enseguida salen ideas de cambio.

Para resultar atractivo debemos cuidarnos. Debemos buscar nuestra mejor versión. Tenemos que amarnos a nosotros mismos de verdad. Y entonces descubriremos que nuestras cualidades (a pesar de estar muy condicionadas por factores externos, por nuestro físico y nuestro psíquico, por nuestras condiciones vitales) no dependen solo de eso. Cuántas personas, a pesar de no ser las más guapas, ni las más ricas, ni las más listas del mundo, son realmente atractivas. Y fíjense en cómo lo que más atrae a los demás es la virtud. Y ser virtuoso no depende de lo externo, solo tiene que ver con nosotros. Cuando alguien prueba ser honrado, trabajador, ordenado, sincero, bueno, generoso... entonces muestra sus mejores bazas. Se deja querer y hace que los otros le vean. Quien no tiene nada que ofrecer a los demás difícilmente podrá ser amado por los otros y, por tanto, nunca será del todo libre.

La persona libre se la juega. Decide mojarse y poner toda la carne en el asador. No se reserva nada. No se lo guarda para sí. Se muestra tal como es. No se pone máscaras. Ofrece lo más valioso que tiene a los demás porque se compromete con la felicidad ajena. ¿Queremos ser amados? No pensemos en el otro, sino en nosotros. Seamos mejores de lo que somos. Crezcamos en virtud. Dominemos nuestras pasiones. Controlemos ese defecto que tanto nos molesta. Abandonemos esa acción que nos envilece.

No podemos obligar a nadie a que nos ame. De hecho, lo normal es que haya mucha gente que no nos quiera ni tampoco quiera saber nada de nosotros. No podemos caerle bien a todo el mundo (ni falta que nos hace), pero a la misma vez tampoco podemos caerles mal a todos sin tener algún tipo de responsabilidad en aquello que hacemos. Todas las personas somos diferentes, por eso no es tan difícil ni tan imposible encontrar a alguien que encaje con nosotros.

Y si al final, después de todos nuestros esfuerzos, no lo encontramos, tampoco pasa nada. Nos estamos centrando en esta primera parte del capítulo en el amor del enamoramiento, y lo hacemos porque es un amor crucial, nuclear, que configura gran parte de nuestra vida, pero existen muchos más amores por descubrir y que también pueden llenarnos de satisfacción.

Solo podemos ser libres en relación con los demás

Coincido con mi colega y amigo, el psiquiatra Carlos Chiclana en que la frase «tu libertad acaba donde empieza la mía» con la idea recogida en su libro *Tiempo de fuertes, tiempo de valientes*, de que es una definición demasiado plana y bastante alejada de la realidad. Demasiado egoísta, demasiado simple, demasiado individual. Para empezar, plantear que mi libertad va a acabar colisionando con la de los demás ya supone partir de un concepto de libertad bastante chato. El ejercicio de la libertad, de la libertad plena, poco tiene que ver con una finca redonda rodeada de una cerca. No parece que el mejor lugar para ser libre sea una isla desierta. Al contrario, ese sitio será bastante aburrido, pues nada divierte más que interaccionar con los demás.

En el billar español no gana el que mete las bolas por las troneras, entre otras cosas porque no hay ninguna. Gana quien consigue interaccionar el mayor número de bolas entre sí. Y, del mismo modo, todo lo que hacemos nos configura a nosotros mismos y, a su vez, también a todos los que nos rodean. No existen actos inocuos, estériles, que no influyan en los demás. Cuando era pequeño, se puso muy de moda la teoría del caos: se decía que si una mariposa movía las alas en Pekín acabaría por producir una tormenta en Nueva York. Descrita así, parece demasiado simple. Pero es obvio que nuestras acciones tienen una repercusión inmediata en las vidas ajenas. A veces para bien y otras, por desgracia, para mal.

La pregunta que debemos plantearnos es: todo aquello que hacemos, ¿qué es lo que produce? ¿Hace que los demás sean más o menos libres? ¿Los esclaviza o los libera? ¿Los salva o los condena? Nosotros, como buenos hijos de una tradición materialista y liberal, tendemos a pensar que lo auténticamente libre es pensar en nuestro beneficio personal. ¿No es ese uno de los grandes males de nuestro siglo? Quizá esa definición sea hija de su tiempo. Una época donde el Estado y la cultura imperante ejercía un control opresivo sobre el individuo y, por tanto, reivindicar la autonomía personal era lo que pegaba. Pero ¿no ha llegado ya la hora de superar esto? En vez de pensar en cómo alcanzar nuestra libertad, deberíamos tener la generosidad de ver cómo podemos perseguir el bien de los demás.

Dice el lema de Francia «libertad, igualdad, fraternidad». Y es que de poco sirve que una persona sea libre si las demás no lo son. Para poder disfrutar de los más altos estándares de libertad debemos poner las bases sociales que permitan a los demás alcanzar la igualdad. Si el mundo no es seguro, por muy seguro que yo esté, tarde o temprano esto me afectará. De poco nos servirá sentirnos libres en la más apartada y cerrada torre de marfil. Ese es el concepto de la jaula de oro. Para ser libre es mucho más lógico y eficiente que los demás también lo sean. Las sociedades en las que un mayor número de personas acceden a la clase media y gozan de más libertades son aquellas con mayor seguridad. Donde no tenemos que protegernos del extranjero y del extraño. Donde nos vemos como hermanos y reina la fraternidad.

Dice el pensador Fabrice Hadjadj en su libro *Puesto que todo está en vías de destrucción*: «La verdadera grandeza no está en la extensión horizontal de nuestro poder, sino en un gran giro vertical; que la vida verdadera no está en la acumulación del tener, sino en la ofrenda del ser; que la verdad más elevada no está en un saber que domine, sino en una hospitalidad que acoja, que se asombre de la incomprensible presencia de un rostro». Buenas y sabias palabras que resaltan la importancia de descubrir el amor de la amistad.

Antes hemos hablado extensamente del amor vinculado al enamoramiento, pero hay muchas otras formas de amor que pueden liberarnos. Como bien dice el lema de ese otro mito francés como son *Los tres mosqueteros*: «Todos para uno y uno para todos». Hacer una piña. Apoyarse en los demás. En los colegas. Los compañeros de trabajo. Estar pendiente de los padres y de la familia. Cuántas personas han tenido la heroicidad de renunciar a su vida personal con tal de sacar adelante a un sobrino, a una madre enferma, a un hermano que necesitaba ayuda. Esas personas han demostrado amar de verdad. Liberándose de sí mismas y amando a quien las necesita. Lo mismo podríamos decir, en estos casos, de lo que ya hemos mencionado antes. ¡Conozco a tanta gente que ha optado por hacer eso en la vida...!

Hay un cuadro clásico que representa a Philippe Pinel, un médico francés del siglo XIX, rompiendo las cadenas con las que se ataba a los pacientes aquejados de locura. Siempre se saca a la palestra esta obra como ejemplo típico de la lucha contra el estigma. Del mismo modo yo he tenido la suerte de coincidir con numerosas personas que se han propuesto de forma decidida a liderar asociaciones de pacientes aquejados de esquizofrenia y trastorno bipolar para ayudarlos a encontrar trabajo, a superar sus síntomas y a mejorar sus condiciones de vida. Quizá esa sea una de las mejores maneras que hay de ejercer la libertad. No se trata de invadir la libertad de los otros ni de meternos donde no nos llaman. Se trata de expandirla, de extenderla, de desprenderlos de sus cadenas y de hacerlos más libres. A pesar de lo que les ha tocado vivir, de lo difícil y adverso de la situación, de lo mucho que han sufrido. Eso es lo bonito que tiene cualquier profesión sanitaria: aliviar el sufrimiento ajeno, reducir sus síntomas.

Y no digamos nada si uno se dedica al mundo de las adicciones y las drogodependencias. Conseguir que otra persona sea capaz de superar una conducta que le genera dependencia... Eso sí que es darle un sentido pleno a nuestra libertad. Cuando ayudamos a otro a romper sus cadenas le entregamos el mayor regalo que podemos darle: que pueda conquistar su libertad.

Pasa lo mismo cuando regalamos a los demás nuestro tesoro más preciado: nuestro tiempo. Cuando cuidamos a los hijos de esa madre soltera que está tan atareada. Cuando colaboramos con una ONG que ayuda a personas necesitadas. Cuando visitamos a un anciano, le acompañamos al médico, le bajamos la basura, le compramos las medicinas que necesita. Y todo esto cobra mucho más sentido cuando lo hacemos de una manera completamente desinteresada. Es una relación de doble dirección. Nos liberamos al superarnos a nosotros mismos. Liberamos a los demás aliviándolos de su sufrimiento.

Aquí ya no hay lotería que valga. No es cuestión de suerte ni de capacidad. Ofrecernos al que sufre está al alcance de todos. Pero supone un gran esfuerzo y no es fácil al comienzo. Supone saltar la valla del narcisismo y dejar de estar todo el santo día fijándose en eso que no tenemos. No es algo que se consiga rápido, sino que es una labor para toda la vida. Cuando el corazón se expande y se dilata todos caben. Cuando mi corazón solo piensa en su propio bienestar se atrofia.

Y serán muchos los que pensarán que, si actuamos de esta manera, perderemos nuestra libertad. Uno de los motivos por los que no tenemos muchos amigos es porque estos acaban por incomodarnos, por incordiarnos con pesadas tareas, por pedirnos favores continuos, por llamarnos los días de fiesta. Que no nos quepa ninguna duda de que así será. Cuando alguien se pone a tiro el resto se aprovecha. Cada cual tendrá que poner el límite en el lugar adecuado. Muy mal uso haremos de nuestra libertad si anteponemos las necesidades de amigos y clientes a las de nuestra propia familia. El motivo por el cual muchos matrimonios se rompen es porque dejan que reine el desorden. Debemos saber dónde se han de poner los afectos. Y no tener familia propia no puede ser excusa para decir que no se tiene a quien amar o que nadie le quiere.

En el mundo sobra la soledad. Hay millones de personas que piden ayuda. Y no son solo los pobres o los inmigrantes. La tiranía del individualismo no entiende de clases. Es un fenómeno propio de nuestras sociedades que, sin lugar a dudas, va a ir a más. Cada vez vamos a sentirnos más solos, más envejecidos, más necesitados de afecto. Las familias tienden a ser más pequeñas. Los grupos de amigos son más difíciles de amar y de mantener. ¿Y eso por qué? Por el perverso uso que hacemos de nuestra libertad. Es curioso, nos juraron y perjuraron que seríamos libres si solo nos preocupábamos por nosotros mismos y ahora nos vemos obligados a tener que apurar el amargo néctar de la soledad.

Está en nuestra mano poder cambiar. Nos jugamos mucho. Démosles una oportunidad a los demás.

Libertad, amor y felicidad

Quizá podríamos cambiar la famosa sentencia francesa. En vez de «libertad, igualdad, fraternidad», digamos «libertad, amor y felicidad». Solo una persona libre puede ser amada. Solo alguien que ama sin cortapisas, de forma incondicional, sin poner mandamientos que nadie puede cumplir, será capaz de amar con libertad. Y ahora hablemos de algo que no todos conocen, de un secreto que debemos pregonar a los cuatro vientos. El resultado del binomio de libertad y amor, el hijo más amado de ese matrimonio, es la felicidad.

Esas son las tres patas del mismo taburete. Todo está conectado. Si una pata falla, la silla se cae. Y ninguna de ellas puede quedarse corta si no crecen las demás. Los tres conceptos están unidos entre sí como vasos comunicantes. A mayor libertad, mayor amor y a mayor amor, mayor grado de libertad. Funcionar así hará que el corazón se nos llene de alegría.

Y también, por desgracia, esto puede manifestarse a la

inversa. Cuando no somos libres, cuando no tenemos amor, cuando no sabemos cómo amar, cuando no tenemos la capacidad para mantener el amor a largo plazo, cuando no somos capaces de soportar los defectos de la persona amada, entonces aparece la tristeza. Una tristeza que es hija de la impotencia. No tener la capacidad de amar es profundamente frustrante. No poder darse, debido a que no nos poseemos, genera una gran infelicidad. Depender de los demás y no controlar ni siquiera nuestra propia conducta produce mucho miedo. No tenemos entonces libertad de pensamiento ni libertad interior. No poder expresar nuestra opinión, al no saber cómo argumentarla, nos genera una gran desazón.

¿Y por qué tener amor y libertad nos llena de gozo? Creo que es fácil verlo. En el caso del amor todos lo tenemos claro. Pocas canciones lo has reflejado mejor que *Tengo el corazón contento*, de Marisol, que dice así: «Tengo el corazón contento, el corazón contento, lleno de alegría. Tengo el corazón contento desde aquel momento en que llegaste a mí. Y doy gracias a la vida y le pido a Dios que no me faltes nunca». Un corazón enamorado es un corazón cargado de entusiasmo.

Quizá esto no se vea tan claro en el caso de la libertad. Pero solo hay que pensarlo un momento. Las raíces de la depresión tienen forma de cadena. La tristeza, como emoción y pensamiento pasajero, suele ser un afecto tremendamente productivo. Solo desde la tristeza y la consternación se han producido algunas de las mejores obras de arte de la humanidad. La alegría, cuando es intensa, nos vuelca hacia fuera. Nos hace estar todo el tiempo celebrando la vida, como dice la canción recién citada, de noche y de día. Pero pese a que la tristeza sea algo bueno, no lo es en absoluto instalarnos en el pesimismo y la desolación. Por muy atractivo que sea el lado oscuro, siempre nos llevará a un sitio en el que no es nada cómodo estar.

La esclavitud es depresiva: no podemos hacer lo que queremos, ni cumplir plazos, ni plantear sueños ni iniciar proyectos. ¡Cuánta gente me habla de este tema en la consulta! No soy feliz porque no soy capaz de trabajar en la dirección correcta. Ojalá me levantara antes, fuera puntual, mantuviera mi fidelidad y compromiso con aquello que me hace mejor. Ojalá, vienen a decirme, pudiera liberarme del pesado fardo que supone estar al servicio de la ley del gusto y de la opinión ajena.

No es tan difícil, solo hay que tomárselo en serio. Libertad, amor y felicidad. Tres conceptos intrínsecamente unidos que no pueden independizarse el uno del otro, que no tienen ningún tipo de sentido cuando intentan ir por libre. Mire lo que le falte. Busque lo que necesita. Libérese de los deseos que le entristecen. Ame lo que sabe que le hace más libre y alégrese con regodeo y alborozo cuando lo consiga.

9

PARA SER LIBRE CONVIENE SER DISCIPLINADO

El escándalo del universo no es el sufrimiento sino la libertad.

Georges BERNANOS

Para ser libre hay que seguir una rutina

La palabra «rutina» deriva de «ruta». Seguir una ruta implica tener un camino que seguir. Luego para ser libre, para
subir los peldaños de la escalera que nos lleva a la completa libertad, hay que tener dos cosas claras: saber a dónde
queremos ir y cómo hacerlo.

Para cumplir el primer punto es necesario reflexionar
previamente. La positividad en la que estamos imbuidos,
que ya ha sido catalogada como tóxica por mucha gente,
ayuda poco. Decir a los demás que todos podemos cumplir nuestros sueños con solo planteárnoslo no parece

que sea una buena idea. Si podemos cumplir todo lo que nos proponemos con solo desearlo y luego no lo logramos aparecerá en nosotros la terrible sensación de que tenemos la culpa de no haberlo alcanzado. De que si no lo conseguimos es porque no nos esforzamos lo suficiente. Y esa idea, además de ser falsa, es bastante frustrante. Solo podemos conseguir aquello para lo que estamos capacitados, y superando los numerosos condicionantes que nos rodean. En los primeros capítulos de este libro ya hablamos de todo ello. Baste ahora con recordar que para poder ser libre es necesario saber para qué valemos y para qué no. Qué podemos hacer y qué nos queda grande. Resulta sorprendente el número de personas que se quejan de que no son libres pero que jamás se han parado ni un solo momento a hacerse preguntas de este tipo. Afirma Aristóteles en su libro *Ética a Nicómaco* que se puede desear lo imposible pero no elegirlo. Quizá ahora entendamos por qué esos eslóganes publicitarios que nos aconsejan desear todo lo que queramos seguramente solo servirán para generarnos mayores dosis de frustración.

El segundo paso es saber cómo hacerlo. Y aquí nos topamos con una dificultad obvia: por mucho que nos empeñemos solo conseguiremos ser libres si somos persistentes. En la civilización de la impaciencia y la inmediatez, en la gastronomía del *fast food*, en el consumo a golpe de clic no parece un objetivo fácil de cumplir. La rutina es, por definición, monótona y repetitiva. Los caminos y las veredas se van creando en el monte a base de pisar una y otra vez la hierba. Como la senda que marca el elefante, picando piedra y sin faltar ni un solo día. Cuentan que Picasso decía que trabajaba todos los días para que cuando apareciera la inspiración le encontrara trabajando. Debemos reivindicar esta idea, porque quizá hoy en día se esté abusando demasiado de la motivación y la ilusión como fuentes primarias de cualquier acción. Para hacer cosas grandes, para conseguir vencernos a nosotros mismos, para amar toda la vida, resulta conveniente saber que es preciso superar muchas dificultades. Y, al vencerlas, podemos conquistar y disfrutar de lo obtenido. Decía el escritor Antoine de Saint-Exúpery: «Uno siempre es responsable de lo que domestica».

A las duras y las maduras. Haga frío o llueva a cántaros. Tengamos el sol de cara o el viento de cola. Pase lo que pase. Allí estaremos. De forma incansable. Como decía antes, una sociedad acostumbrada a estimular hasta la extenuación cualquier tipo de impulso luego tendrá serios problemas para habituar a los individuos a la repetición. Los profesores y los padres lo vemos todos los días. «Papá, me aburro» es la cantinela diaria de las nuevas generaciones. No ser capaz de aguantar e insistir. Venirse abajo a la primera. Cortar la relación en cuanto el otro o la otra nos sugieran un cambio. No es posible ser libres si no hemos ejercitado mínimamente nuestra voluntad. Trataremos con detenimiento este aspecto luego.

La libertad no tiene nada que ver con aumentar nuestra capacidad de elección

Hasta hace no tanto tiempo, y aún sucede en muchos lugares y países, el ser humano tenía un acceso muy restringido a todo tipo de libertades: acceso a la vivienda, a la salud, a la educación. Derecho al voto. Derecho a expresar opiniones, a criticar al poder, a manifestarse en la vía pública. Opciones que no han hecho más que crecer y crecer. Está claro que hemos tenido la suerte de avanzar muchísimo y que ahora tenemos una capacidad de elegir mucho más ampliada. El famoso derecho a decidir. Pero la pregunta es: ¿somos realmente más libres solo al haber expandido las opciones de elección? No queda claro.

Escuchamos que muchas personas asocian la libertad a la capacidad de elegir. Solo seremos libres si podemos hacer de todo; si no nos dejan hacer tal o cual cosa, se estará coartando mi libertad. Esta idea es bastante falsa e infantil. De hecho, la principal queja que el adolescente suele poner encima de la mesa cuando empieza a madurar es que su casa parece una cárcel y sus padres son los peores celadores. La pregunta es: ¿es más libre quien es capaz de elegir muchas más cosas que aquel que no puede? No tiene por qué ser así. Ya explicamos en el séptimo capítulo que podemos llegar adquirir un alto grado de libertad a pesar de estar encerrados en un campo de concentración y, a la inversa, que hay personas que, a pesar de gozar de los mayores niveles en cuanto a lo económico y lo social y estando abiertas un sinfín de posibilidades, viven completamente esclavizadas. En este sentido decía el filósofo Martin Heidegger: «Imaginarse que la libertad es la ausencia total de las barreras que me constriñen, la carencia de toda determinación, es una fantasía, es la libertad del vacío».

Y es que por muy amplias que sean las opciones que nos pongan encima de la mesa, por muchas que sean las alternativas entre las que podemos elegir, estas nunca resultarán infinitas. Es más, cuanto más numerosas sean, más dificultades tendremos para escoger y más posibilidades de equivocarnos. Todos sabemos que es mucho más fácil decantarse (y acertar) cuando hay que elegir entre dos pantalones que entre cien. Por tanto, no nos equivoquemos: la libertad tiene poco que ver con ensanchar el campo de actuación sobre el que tenemos que decidir. La conquista de la libertad no es cuantitativa sino cualitativa. No se trata de elegir entre muchas alternativas, sino en saber escoger bien. Todos sabemos que disponer de más de doscientos canales de televisión tiene poco que ver con que vayamos a ver un programa que sea bueno.

La libertad no es solo la capacidad de elección. Las oportunidades reales siempre serán limitadas. Recuerdo a un chico joven de dieciocho años que había realizado un gesto autolítico (se había tomado un bote de pastillas) después de que le hubiera dejado su novia. Con lágrimas y llantos me decía que esa era la mujer de su vida. Visto con perspectiva, nos damos cuenta de que es bastante tonto pensar que la única mujer de tu vida (tu mejor opción) aparecerá cuando tengas dieciocho años y nunca más. Es obvio que, cuando este chico madure un poco, conocerá a muchas otras mujeres, se volverá a enamorar y descubrirá que la ruptura actual le ha hecho ser mejor. Pero seamos sinceros: ¿conocerá a centenares de mujeres? ¿Podrá acabar con quien quiera? Es obvio que no. De hecho, conocerá a muy pocas personas. Un número limitado y escaso de posibilidades. ¿Será por ello menos libre? Por supuesto que no. De hecho, sería interesante pensar en lo que expusimos en el capítulo anterior. Amar no tiene tanto que ver con elegir, sino con dejarse elegir. Y la persona libre es la que acepta la elección del otro. La que se pone a tiro para que los demás la elijan.

Quedémonos por tanto con esta idea: aunque nuestra capacidad de elección sea escasa y esté limitada por todas partes, no por ello eso nos hace menos libres. Disminuir las elecciones no cercena nuestra libertad. Vuelvo a coger algunas ideas expuestas en el libro *Mundus*, del filósofo Higinio Marín. Una capacidad ilimitada (o al menos muy extensa) amplificada por el desarrollo tecnológico actual solo producirá dos resultados: el tedio y una malsana vanidad.

Abordemos el primero. Me viene a la memoria uno de los eslóganes de la cadena Movistar: «Elige todo». El mero planteamiento llama la atención: coge todo lo que puedas, no renuncies a nada. Este mandamiento no solo es imposible, sino que, además, es inhumano. El que lo elige todo no elige nada. Como ya hemos dicho, quien ama a todo el mundo por igual es como si no amara a nadie. Toda igualdad es una igualdad a la baja. En vez de resaltar lo que de único y original tiene el otro, acaba convirtiéndolo en una masa amorfa y uniforme, sin vida y sin alma. Pero es que encima aparecerá otro problema y es que nos aburriremos como una ostra. Cuando podemos elegirlo todo solo podemos caer, como en el mito de Sísifo, en el cansancio, el hastío y la inapetencia más absoluta. Un camino que nos lleva a la depresión. ¿Y acaso no es ese uno de los males de nuestro siglo? La multiplicidad de diversiones conduce a la avidez, a la colección de sensaciones vanas. El chute de dopamina cada vez tendrá que ser mayor si queremos que siga teniendo el mismo efecto. El estímulo más intenso. Nuestra capacidad de asombro irá disminuyendo. Y, como Sísifo, tendremos la sensación de que nunca llegamos a lo alto. Nada nos sacia ni nos completa. Todo nos deja una sensación agridulce, vacía y hueca. ¿No es esto paradójico? En la civilización del espectáculo, como la ha catalogado Vargas Llosa, el desánimo y la desidia son los que se llevan el gato al agua.

Y ahora hablaremos del segundo problema. Cuando no elegimos lo correcto, sino lo que nos gusta, place y apetece, entonces corremos el riesgo de convertirnos en Narciso. Asomarnos a un estanque en el que solo nos veamos a nosotros mismos sin que haya otra cosa que nuestro bello rostro sin arrugas. Anteponer nuestros deseos a cualquier tipo de interés ajeno nos forjará una personalidad psicótica, que no se siente culpable por nada de lo que hacemos, que nunca siente vergüenza. Si comemos lo que queremos nos volveremos obesos. Si nos obsesionamos por nuestro físico no seremos capaces de envejecer con serenidad. ¿Y no es la epidemia de obesidad otra de las constantes de nuestro tiempo?

Así que ya saben: depresión y obesidad. Dos enfermedades que se retroalimentan entre sí. Dos enfermedades que se dan a la vez con elevada prevalencia. ¿Cómo evitarlas? Pues no deseándolo todo, limitando las opciones, acostumbrándonos a llevar una vida más sencilla, más sobria y más plena. Y luego enfocándonos en la dirección correcta. Solo podrán ser libres quienes eligen lo correcto, lo que los mejora, lo que hace que crezcan.

No es necesario tener mucho donde elegir, nos basta con tomar la mejor de las decisiones con sinceridad. Para ello lo ideal es adecuar nuestro gusto haciendo que lo bueno sea lo apetecible. Y esto solo puede conseguirse, como ya hemos dicho en muchos otros lugares en este libro, a través de la virtud.

La importancia de la voluntad

Recomiendo *La conquista de la voluntad*, del psiquiatra Enrique Rojas, libro en el que se dan numerosas pautas y consejos sobre cómo podemos ser más voluntariosos y conducir nuestra vida allá adonde queremos. Llevar las riendas del caballo para que no sea este el que nos lleve a un lugar equivocado. Dirigir el barco a un buen puerto. Seguir el plan. Tener la valentía de soportar las contrariedades evitando un inútil tono de queja. Todo ello implica una alta dosis de creatividad y de saber adecuarse a las circunstancias, por muy adversas que estas sean.

La neurociencia nos demuestra que nuestro cerebro es

bastante plástico. Es decir, que se adapta y se adecúa a lo que nos sucede. Que evoluciona y se configura. De la misma manera que el agua adopta la misma forma que tiene el recipiente que la contiene nosotros tenemos la capacidad de ajustarnos y aclimatarnos al medio ambiente. Quizá ese sea uno de los principales descubrimientos del paciente cuando se somete a un proceso de psicoterapia. Cuando una persona se ve superada por la situación que le ha tocado vivir, cuando se deprime y se angustia, tiende a fijarse continuamente en aquello que le atenaza desde fuera: familia, trabajo, salud, mala situación económica. Todas son vallas infranqueables, imposibles de saltar. Pensar que todo es superable es bastante falso. Del mismo modo que también lo es pensar que, debido a los malos números que nos han tocado en la lotería de la vida, estamos abocados al fracaso. Debemos amoldarnos, acostumbrarnos, adaptarnos sana y conscientemente. Con deportividad. Y todo ello puede hacerse si cultivamos el sano ejercicio de la voluntad.

La voluntad es raíz de la libertad en tanto que es sede de ella, mientras que la razón es raíz de la libertad porque es su causa. ¿Qué quiere decir esto? Pues que para saber por qué somos libres debemos meter la cabeza (es decir, aprender a pensar con libertad y autenticidad), pero para ejercerla debemos ser dueños de nosotros mismos. Tener voluntad. ¿Y cómo se consigue esto? Pues basta con empezar poco a poco. Es una cuestión de constancia. La mayoría de las personas con poca voluntad creen que jamás la desarrollarán porque eso les supone un esfuerzo intolerable se les antoja un objetivo inalcanzable. Pero se equivocan. No es tan difícil como piensan. Solo hay que atreverse a empezar. Decía Aristóteles que «somos lo que hacemos día a día, de modo que la excelencia no es un acto, sino un hábito». Esta es una buena definición de virtud, un concepto que ya explicamos en capítulos anteriores. La libertad, cuando es profunda y verdadera, no se alcanza de un día para otro ni tampoco para siempre; es una conquista diaria y siempre debemos estar en tensión con nosotros mismos (no una tensión alta, pero sí permanente) para que los enemigos de la libertad no vengan por la noche oscura y nos la arrebaten en un descuido. Lichtenberg, en uno de sus *Aforismos*, nos dice: «Ejercita, ejercita tus fuerzas, pues lo que ahora te cuesta un esfuerzo, al final se convertirá en automatismo».

Ese es un buen objetivo: entrenarnos para conseguir que la libertad nos salga espontáneamente, de forma automática, como un reflejo condicionado diseñado previamente. Las personas libres acaban siéndolo instintiva e inconscientemente. Casi sin pensar, pero sabiendo que lo son. Como el violinista toca el violín dándonos la impresión de que es algo fácil. O el futbolista llega a rematar el balón como si no le costara correr. O el cirujano opera de madrugada como si no se cansara al tener que hacerlo. No me digan que no suena bien. Ser libre compensa y, entre otras muchas cosas, porque podemos acabar siéndolo sin que nos cueste mucho. Quien conquista la libertad a través de la voluntad conquista el mundo tras haberse conquistado a sí mismo primero.

Pero, como dice el refrán, «El hábito no hace al monje». No puede improvisarse. No es algo que se alcance en apariencia. Precisa entrenamiento. Dedicación. No tanto dejarse la piel sino introducir un pequeño cambio. Les pongo un ejemplo. Con frecuencia les digo a los residentes de Psiquiatría: «Si todos los días fuerais capaces de dedicarle entre treinta y sesenta minutos a la lectura de un libro de psiquiatría y tuvierais un plan preestablecido acerca de cuáles son los libros que debéis leer, en pocos años seríais eruditos. Además, si lo hicierais, acabaríais por dedicarle mucho más tiempo algunos días y mucho menos otros. Terminaríais generando un hábito. Una costumbre. Una manera de afrontar la profesión. Y lo que es más bonito: cada vez os costaría menos, vuestro cerebro se convertiría en una esponja. Absorbería los conocimientos porque estos, al final, se repiten, se unen entre sí, se modulan. En definitiva, seríais más cultos y completos, mejores médicos y, lo más sorprendente, dedicando poco esfuerzo».

El mismo ejemplo nos vale para todo. Hacer más deporte. Comer más sano. Tener más amigos. Aprender inglés. Las posibilidades son infinitas. Basta con meter la cabeza, conocernos en lo esencial, señalar lo que nos falta, trazar un plan de mínimos y ponernos a trabajar.

Para conseguir hacer todo aquello que deseamos es imprescindible doblegar y formar la voluntad. ¿Se anima a hacerlo? No tiene ni idea de lo bien que se lo va a pasar.

La voluntad también se ejercita aprendiendo a decir que no

Mi tía viene a merendar un día a mi casa. Es una mujer con mucha experiencia. Ya está viuda, ha sido madre de nueve hijos y tiene infinidad de nietos. Me dice sabiamente: «Luis, al final de tu vida descubres que la mayoría de las cosas de las que nos arrepentimos en esta vida tienen que ver con no haber dicho que no a tiempo». Es curioso, y puede sonar paradójico, pero tener voluntad se basa mucho más en la renuncia que en la afirmación. «Digo que no y me quedo descansando», dijo el sabio. El problema, claro está, no es decir que no, sino a qué cosas. El ser humano actual está demasiado acostumbrado a decir que no, lo que pasa es que rechaza demasiadas cosas buenas. Un amigo mío, voluntario de la Cruz Roja, me cuenta que está muy desanimado porque han dado una serie de charlas sobre la importancia del voluntariado a más de cinco mil bachilleres de su provincia. Tras estas descubre que nadie ha ido a apuntarse a las actividades propuestas. Todos han dicho que no a algo que les habría venido muy bien. A veces decir que no solo consiste en encerrarse para siempre en el castillo del egoísmo y la individualidad.

Por tanto, ese no es el no que buscamos. Se trata de decir que no a lo que no nos conviene. Me viene a la memoria un buen ejemplo extraído de la célebre *Odisea*, de Homero. Allí se nos cuenta que Ulises, tras ganar la guerra de Troya, vuelve a casa en un barco. Circe le informa de que, para regresar a Ítaca, debe pasar por una zona en la que hay sirenas, quienes tenían la costumbre de atraer a los marineros con su bello canto y hacían que naufragaran contra los escollos de la costa. Por eso Ulises, siguiendo el consejo de Circe, ordena a sus marineros que se pongan cera en los oídos y lo aten a él a un mástil. Les dice que, vean lo que vean, no le desaten en ningún momento. Así, Ulises logra escuchar los cantos de sirena sin peligro y los marineros consiguen atravesar esa zona sin verse atraídos por ellos. La tradición cuenta que si las sirenas no eran capaces de cumplir su objetivo una de ellas debía sacrificarse. La elegida fue Parténope, que fue arrojada al mar y murió cerca de la costa en la que se fundaría una ciudad, la actual Nápoles.

En esta bonita historia de hace miles de años ya se nos aconseja que, si queremos ser libres, si queremos llegar a buen puerto debemos huir de los cantos de sirena, de aquellos que nos prometen una vida fácil y placentera que no acarrea ningún tipo de esfuerzo. Decía Voltaire que «solo es inmensamente rico aquel que sabe limitar sus deseos». Limitar lo que nos gusta. No escuchar lo que no nos conviene. No consumir lo que nos ata. No hacer lo que nos esclaviza. No intimar con quien nos hace daño. No transitar por atajos que solo nos llevan al acantilado de la sumisión, la servidumbre y el sometimiento.

Esos cantos de sirena parecen ser verdaderos. Unen el afecto (lo que sentimos) con nuestros deseos (¿inconfesables?) de satisfacción inmediata y pensamos automáticamente que un pastel tan deseable no puede hacernos daño. Pero la realidad es tozuda y parece empeñada en llevarnos la contraria, y nos acaba señalando que cuando somos capaces de renunciar a la satisfacción del deseo inmediato, incluso a un deseo aceptable y neutral, habremos dado un paso definitivo para empezar a recorrer la senda que lleva a la auténtica libertad.

Todo acto de libertad empieza por un inmenso no. Un no al mal. Un no a la fealdad. Un no a la mentira. Un no a la injusticia y la deshonestidad. Un no eterno y duradero a los enemigos de la libertad.

Cada cual tendrá que ver qué es lo que le cuesta, dónde están sus límites, en qué debe cuidarse. A cada uno le aprieta el zapato por un sitio distinto. Pero creo que todos sabemos que la publicidad, una actividad que es buena y que puede ayudar a crecer la economía de forma adecuada, es capaz, en muchas ocasiones, de crearnos el deseo de algo que ni necesitamos ni nos hace falta. Y esas necesidades inventadas solo sirven para poner un eslabón más a la pesada carga que ya arrastramos desde nuestro nacimiento debido a nuestra naturaleza caída. Una apuesta irracional por el placer a cualquier precio solo servirá para hacer que la máquina de nuestro cuerpo, tanto física como psíquicamente, se atrofie repentinamente y empiece a no funcionar bien. Los síntomas de mala salud mental, la apatía vital y la angustia existencial son buena muestra de ello. Nunca gozamos de mayor capacidad de libertad (en el sentido de multiplicidad de elecciones) que ahora y nunca tuvimos una voluntad más mojigata y atrofiada. Seamos honestos y preguntémonos nosotros mismos por el porqué.

La libertad y el dominio de sí

Numerosos pensadores, filósofos y escritores clásicos han llegado a la misma conclusión. Sirvan de botón de muestra algunas citas que van en esta dirección. Empecemos por Epicteto: «No es libre nadie que no se domine a sí mismo». Otro pensador, Paracelso, decía: «Que no sea de otro quien pueda ser dueño de sí mismo». Sigamos con el teólogo que más ha reflexionado sobre la antropología, santo Tomás de Aquino: «La perfección propia de la libertad no consiste en la indeterminación de la voluntad, sino en el dominio de los actos». Terminemos con Montaigne, célebre autor de los *Ensayos*: «La libertad consiste en el dominio absoluto de sí mismo».

Me gusta mucho Fernando Pessoa, un autor un tanto deprimente pero que ha analizado de forma verdadera los entresijos del alma humana, y leo una de sus poesías, dentro de las *Odas* de Ricardo Reis, uno de sus heterónimos:

> *Quiere poco: tendrás todo.*
> *Quiere nada: serás libre.*
> *El mismo amor que tengan*
> *por nosotros, al querernos, nos oprime.*

Y acabaremos con nuestro querido Miguel de Cervantes: «No desees nada y serás el hombre más feliz del mundo». Creo que así entendemos la profundidad a la que llegan los budistas, muy parecida a la lucha ascética que propone el cristianismo. Alcanzar el nirvana, el cielo, la perfección, consiste en no estar dominados por nuestros deseos. No hay otra opción. O somos dueños de nosotros mismos, o torpes súbditos de un emperador de otro país.

Ojo, no nos referimos aquí a un dominio obsesivo de lo que somos. A un control absurdo de nuestros pensamientos. Se trata de un dominio liberador, de una manera de ser que permite domesticar el instinto, superar las pasiones, elegir lo que nos hace mejores. Para conseguirlo debemos pertrecharnos de un buen nivel de protección, de un escudo exterior que actúe como zanja y pueda aislarnos mínimamente de aquello que pretende dominarnos.

La libertad se protege con una gran armadura

Mientras preparo este libro tengo la suerte de visitar la Torre de Londres y, además de ver las famosas joyas de la Corona y las célebres celdas en las que se ejecutaron a los mártires católicos del siglo XVI, visito una serie de galerías repletas de armaduras. En esa época medieval, en la que los combates se hacían cuerpo a cuerpo, con escudos y espadas, resulta lógico lo mucho que se reflexionó acerca de cómo cubrir con hierro y acero hasta la parte menos sensible de nuestro cuerpo. Eso me lleva a pensar: ¿cuál es nuestra armadura para defender nuestra libertad?

Y es que debemos ser conscientes de que la libertad, la verdadera y plena, es algo mucho más importante que nuestra salud física o que nuestro propio cuerpo. ¿Con qué cera vamos a cubrir nuestros oídos para que las sirenas de la mentira no nos llenen la mente de engaños? Como ya he señalado varias veces a lo largo de todo este libro, esa armadura no debe ser solo física y no podrá cubrirnos por entero si no contamos con los demás.

Hay una armadura interna: la conquista de la libertad de pensamiento, el aprecio por la cultura y la excelencia académica, el cuidado de la salud física y el descubrimiento del mundo espiritual; pero también hay una externa: y esa no es otra que estar abiertos al amor. Primero al amor propio, que evitará que caigamos en absurdas y peligrosas dependencias emocionales, y luego el amor a los demás, señal de haber alcanzado los más altos estándares de libertad.

Ya hemos hablado de todos estos aspectos de forma pormenorizada, ahora se trata de volver a analizar nuestra vida y ver con quiénes contamos. En definitiva, se trata de responder a una pregunta muy sencilla: ¿quiénes son las personas de nuestro entorno que más nos fortalecen? ¿Quiénes son aquellos que nos hacen mejores de lo que somos? Todos tenemos un referente: nuestros padres, nuestros hermanos, el maestro que nos marcó, el sacerdote que nos preparó para el matrimonio, el psicólogo que nos enseñó a conocernos mejor. El mundo está repleto de adversarios malévolos e insistentes, y el más peligroso de todos ellos está dentro de nosotros. Por eso debemos pertrecharnos de las mejores armas defensivas. Esas que cubran nuestros puntos flacos. Y luego formar un equipo. Contarles a los demás lo que más nos cuesta y pedirles que nos ayuden es un acto de profunda valentía.

Solo los valientes reconocen su debilidad. Solo los humildes hacen cosas grandes. Solo los que van pertrechados con larga lanza matan al dragón. Como en la famosa canción de los Beatles de 1967 «With a Little Help from my Friends», acabamos descubriendo que cuando estamos solos no podemos hacer nada. Trabajar en equipo significa saber que no somos más que una rueda de un inmenso mecanismo universal.

Déjenme que les cuente una anécdota. A lo largo de tantos y tantos años viendo pacientes hay un caso que se repite constantemente. Una madre me cuenta que su hijo era «magnífico, bueno, cariñoso, simpático, trabajador, repleto de virtudes. Sacaba muy buenas notas y me comía a besos. Sin embargo, doctor, sabe usted, tuvimos muy mala suerte porque dio con muy malas compañías. Y estas fueron las que le llevaron al huerto, las que le sacaron lo peor de él mismo y entonces empezó a mentir, a suspender, a consumir drogas y se vino abajo». Vaya por delante que, aunque muchos de estos casos son reales, nunca me encuentro a una madre que diga que la mala amistad fue su hijo. Parece que el enemigo siempre viene de fuera, y eso no suele ser verdad. Cuando una casa está bien cimentada, las fuerzas de la naturaleza no la derrumbarán. Como ya he dicho antes, nuestro peor enemigo somos nosotros. Pero hay que reconocer que, cuando estamos bien rodeados, todo es mucho más fácil. La frase de que detrás de todo gran hombre hay una gran mujer (sé que suena machista, así que pueden cambiarla por la que reza que detrás de toda gran mujer hay un gran hombre) es verdad.

Busquemos, por tanto, la mejor de las compañías. Los padres y profesores saben perfectamente que, muchas veces, la mejor manera de conseguir que los alumnos obtengan un mejor rendimiento es rodeándolos de los mejores. Uno de los motivos principales por los que muchos españoles emigran a otros países buscando universidades y hospitales de un nivel superior es porque saben que allí trabajan los mejores. Y hay veces en las que una persona, fruto de su falta de autoestima, busca justo lo contrario: sobresalir a base de rodearse de mediocres. Y muy mala estrategia es esa. El que se junta con lo peor acaba pareciéndose a los malos, se iguala a la baja. Por muy políticamente incorrecto que parezca, hay que reconocer que estas políticas que solo buscan la igualdad como bien supremo lo único que consiguen es homogeneizar la mezquindad. Todos iguales suele ser sinónimo de todos peores. Los experimentos comunistas del siglo pasado deberían servirnos para aprender de esos errores.

Peguémonos a los que nos hacen mejores, a los que sacan la mejor versión de nosotros mismos. Como se dice en *El Quijote*: «Sí soy —respondió Sancho—, y soy quien la merece tan bien como otro cualquiera; soy quien "júntate a los buenos, y serás uno de ellos", y soy yo de aquellos "no con quien naces, sino con quien paces", y de los "quien a buen árbol se arrima, buena sombra le cobija"». A los que nos aman y nos exigen a partes iguales. No hay mejor armadura que buscarse la mejor de las compañías. Rodéese del bien y será mejor. Rodéese del mal y apestará a miseria. «Cría fama y échate a dormir», dice el refrán. En nuestras manos está el tipo de fama que queramos criar.

La libertad no se improvisa y no se puede aparentar

Cuando alguien es libre se nota enseguida, por eso llama tanto la atención. En un mundo repleto de esclavos, quien se mueve libremente atrae todas las miradas. Quien piensa lo que quiere, dice lo que piensa, hace lo que quiere, cuando quiere y como quiere. La persona coherente. Que decide avanzar o retroceder. Cambiar de trabajo. Buscar otra oportunidad. Irse a una ciudad distinta. Renunciar a lo fácil para seguir su vocación. Tener más hijos a pesar de no contar con muchos recursos. Presentarse al concurso, aunque sepamos que no somos el más capaz. Esos son los sabrosos frutos de la libertad. Voluntad y disciplina. Una vida plena que va en la dirección correcta. Esa actitud produce un polo de atracción más fuerte que el más potente de los imanes. Cuando alguien libre se cruza por nuestro camino no podemos evitar mirarlo todo el rato, verlo como un referente. «Yo quiero ser como ese», pensamos todos aquellos que aún no hemos sido capaces de liberarnos de algunas cadenas que coartan nuestra libertad.

Cuando no somos libres se nota enseguida. Voy con mis hijos a una pista de patinaje sobre hielo que acaban de abrir en la ciudad. Todo el mundo se fija en el torpe, en el que lo hace mal, en el que no para de caerse. Y también en el que patina como los ángeles. Como dice S. J. Lec en su libro *Pensamientos despeinados*: «¡La libertad no puede simularse!». Si lo intentamos solo hacemos el mayor de los ridículos. No podemos aparentar ser libres cuando no lo somos. Todo el mundo lo nota y acabamos por perder credibilidad.

La libertad tampoco se improvisa. Ya hemos dicho varias veces que hace falta un plan. Si no sabemos lo que queremos, no entendemos lo que encontramos. Si no sabemos a dónde vamos, nos perdemos. Si no tenemos voluntad, nos falta un mapa. Y sin mapa nunca sabremos dónde está el tesoro. La libertad solo se alcanza ejerciéndola. Y cuando elegimos lo que queremos con frecuencia y tenemos la costumbre de escoger bien, acabamos siendo más y más libres. Cuanta más libertad usamos, más libertad tenemos.

La libertad no se alcanza nunca de forma plena

Del mismo modo que es de necios decir que ya hemos alcanzado la salud, la bondad, la sabiduría o la belleza, es bastante ridículo afirmar que ya somos libres en nuestra totalidad. La libertad, como todo bien absoluto, nunca se alcanza en su plenitud. Nunca podremos afirmar que ya somos libres, lo que sí que podremos decir es que ya somos *más libres*. Es decir, que hemos crecido en libertad. Y la única manera de hacer esto es tomando decisiones.

Muchas de ellas, como decíamos en párrafos anteriores, se basan en decir que no. Pero las verdaderas decisiones, las que nos completan y nos hacen mejores, son una afirmación. Sí al compromiso. Sí a la entrega. Sí a la responsabilidad. Sí a la vida. Sí a la verdad. Sí a mejorar la vida de los demás.

Algunos que creen ser libres lo único que hacen es conservar en un bote de formol cierto grado de independencia. Y eso no es la libertad. Como ya hemos dicho, son muchos los que la pierden precisamente por el miedo que tienen de perderla. La libertad se desarrolla y se explota cuando se usa. Solo hay que ver la cantidad de cosas que, a pesar de nuestros esfuerzos, aún no somos capaces de hacer. De conquistar. De vencernos a nosotros mismos. Quizá esto se deba a que no contamos con el plan adecuado o a que no hemos buscado la compañía que sí que nos puede ayudar. Descubrir cómo y dónde podemos ser más libres supone un inmenso acto de libertad.

Y la libertad tampoco se alcanza cuando los objetivos que nos ponemos son perecederos. Ganar el campeonato. Comprarnos una casa. Aprobar las oposiciones. Veranear en las Bahamas. Todo eso está muy bien, es tan lícito como apetecible, pero no suele llevarnos a alcanzar la verdadera libertad. Los objetivos humanos y cortoplacistas siempre llevan aparejados una cierta frustración. Pongámonos metas ambiciosas. Y no me refiero a ganar una medalla en las Olimpiadas o en correr la maratón de Nueva York, sino a algo mucho más importante. Seamos capaces de soñar lo eterno. Hagamos una apuesta por el amor. Decía san

Francisco de Asís: «Haz primero lo necesario, luego lo posible, y de repente alcanzarás lo imposible».

Y es que no hay nada más imposible, más pleno, más completo que entregarse al amor sin fisuras, que comprometerse con la utopía, que poner nuestros talentos al servicio de una causa noble y bella, que aliviar el sufrimiento y la pena de aquellos que lo necesitan. Todos sabemos que eso nos llena mucho más que conseguir el más prestigioso de los premios. Todos los que han estado en África con una ONG, en un comedor social o en un banco de alimentos saben de lo que les hablo.

Pocas cosas dan más satisfacción existencial que mirar con ojos empáticos a aquel que le necesita. Les regalo la idea. Ustedes verán qué hacer con ella. Les paso la pelota. Ahora ustedes deciden cómo van a jugar la partida.

10

LA RAÍZ DE LA LIBERTAD

La libertad no es fin, sino medio.
Quien la toma por fin no sabe qué hacer
cuando la obtiene.

Nicolás GÓMEZ DÁVILA,
Escolios a un texto implícito

Amigos de la esclavitud

Ya estamos acabando nuestro ensayo, por lo que creo que
es el momento de preguntarse: ¿por qué, a pesar de las
grandes ventajas que tiene ser libre, hay tanta gente que no
quiere serlo? Hay dos grandes motivos. El primero lo hemos ido señalando en diferentes momentos. Hay demasiadas personas que viven de esclavizar a los demás, pues
pocas cosas hay más rentables que invertir en las bajas pasiones: el sexo, el juego, la alimentación poco saludable, el
placer, el culto al cuerpo, el poder... Todo lo que tiene que
ver con potenciar un malsano ego y una visión distorsio-

nada de la realidad que solo servirá para creer que somos aquello que no nos conviene ser. Estemos atentos: en varios lugares de este pequeño manual los he denominado «enemigos de la libertad». Identifiquémoslos lo antes posible y evitemos caer en sus redes. Cada cual sabrá qué es lo que más le cuesta. La conquista de la libertad tiene mucho de combate y sin esfuerzo no hay premio posible. Podemos creer que no podemos vencer, que hay fuerzas poderosas que nos dominan con facilidad. Que el lado oscuro es más potente que el lado de la luz. Pero nada de eso es del todo cierto. Al final de *El retorno del Jedi* hasta el mismísimo y temido Darth Vader se arrepiente de todo el mal que ha hecho. Si nos apoyamos en los universales, el bien, la belleza, la verdad; si no nos fiamos mucho de nosotros mismos y buscamos aliados poderosos, entonces todo es más fácil. No temamos nuestras inclinaciones. Todo es modificable si queremos.

El segundo motivo por el cual el sometimiento y la opresión campan a sus anchas en este mundo nuestro es porque parece que a muchas personas les resulta más cómodo vivir bajo el yugo ajeno. Ya hemos dado algunas recetas para recuperar la libertad. Hemos insistido en la necesidad de ser valientes, tener disciplina, enfrentarnos al enemigo interior, superar esas conductas negativas que nos dominan. Al contemplar el panorama podemos caer en el desánimo y la desesperanza, sostener que no merece la pena. Pensar que es una tarea demasiado complicada y ardua. Y entonces tomamos la peor de las decisiones: optar por la mediocridad. Pactar con nuestras excusas. Ser conservadores. No arriesgar. Esa opción por la mediocridad es propia de no haber superado un cierto complejo de inferioridad. Al final se trata de una elección. ¿Qué es lo que queremos hacer? ¿Vivir como esclavos? ¿No parar de quejarnos? ¿Arrodillarnos ante quien nos domina? ¿Adocenarnos ante lo que no nos gusta?

Cuántos ejemplos hay, y cuántos más habrá en el futuro, de personas que no se conformaron con poco. Decidieron dar un paso al frente. Sacrificar su tiempo libre. Salir de la poltrona de su comodidad. Mientras escribo estas líneas, mi mujer me pide que baje al supermercado a hacer la compra. Nada más entrar, un matrimonio amigo me para en la puerta. Me piden que haga una donación económica para el Banco de Alimentos. Estamos en fin de semana y me consta que son personas que tienen la vida resuelta. Sin embargo, prefieren estar allí. Dando la cara. Pidiendo dinero. Haciendo un voluntariado que seguramente nadie les agradecerá. Creo que es un pequeño ejemplo de lo que todos podemos hacer y no siempre hacemos. Ponernos el casco y la armadura. Elegir ir a la guerra. Ustedes deciden, pero les aseguro que no hay aventura más trepidante, agradable, amable y justa que aquella que busca alcanzar la plena y completa libertad.

La libertad no es un fin en sí mismo

Al igual que dice la cita que encabeza este último capítulo, debemos saber que la libertad, por sí misma, sirve para poco. La libertad siempre es libertad para algo. Para cambiar las cosas. Para ser mejor persona. Para hacer el bien. Convertir como único fin de mi vida la búsqueda incansable de la libertad individual suele ser un ejercicio bastante estéril. Así que aceptemos las reglas del juego. Nadie nos pidió permiso para nacer. Esa es una de las típicas frases que dice el adolescente violento cuando quiere hacerle daño a sus padres: «Haberlo pensado dos veces antes de haberme traído al mundo. Ahora tenéis que pagar las consecuencias». Es la típica provocación del inmaduro que no sabe cómo debe comportarse y vivir.

Cuando no sabemos para qué debemos ser libres cometeremos el error de malgastar demasiado tiempo, dinero y esfuerzo en buscar algo que no sirve para nada. Permítanme que se lo explique con un ejemplo bastante gráfico. Tomo esta idea de la novela *La escoba del sistema*, escrita por un autor que me encanta: David Foster Wallace. Allí pone el ejemplo del Correcaminos y el Coyote, los personajes de dibujos animados de la Warner. En los cortos que protagonizan se ve cómo el Coyote gasta una ingente cantidad de recursos, todo tipo de ingenios, trampas y explosivos (de la siempre defectuosa marca ACME) para obtener siempre el mismo resultado. Nunca da caza al Correcaminos. Al revés, siempre sale escaldado. La tragedia del Coyote es que no piensa. Si lo hiciera, se daría cuenta de que su empresa no merece la pena. ¿Para qué invertir media vida en algo tan efímero como comerse un correcaminos? Así, este dibujo animado se convierte en una fábula perfecta para explicar por qué la búsqueda de la libertad por sí misma no sirve para nada. Primero, porque seguramente no la alcanzaremos y, segundo, porque si la conseguimos, no sabremos qué hacer con ella.

Es una desgracia contemplar cómo mucha gente se da cuenta de esto al final de sus días. Menuda pérdida de tiempo. De poco me ha servido pasar media vida sacrificándome por no se sabe muy bien qué. Quizá sea Nietzsche, ya lo hemos señalado con anterioridad, el filósofo que más equivocado estuvo al plantear la búsqueda de la libertad como supremo y último fin de los seres humanos. Y hoy podemos contemplar las desastrosas consecuencias de dicho empeño: el nazismo supremacista y el relativismo moral.

Siguiendo esta misma línea de pensamiento se situaba Dostoievski en sus *Cartas a Misha*: «En realidad, qué triste puede ser la vida y qué penosos los instantes en que el hombre, sintiendo sus extravíos, constatando en sí mismo sus fuerzas inmensas, ve que estas se pierden en una actividad banal, antinatural, en una actividad no digna de su naturaleza, cuando uno siente que el fuego espiritual es apagado, extinguido solo Dios sabe con qué, cuando el corazón se rompe en pedazos, ¿y por qué? Por una vida digna de un pigmeo y no de un gigante, de un niño y no de un hombre». Creo que pocos autores han sabido ver que las personas, al ser libres, están llamadas a hacer grandes cosas. Y cuando digo «grandes», no me refiero a descubrir qué aplicaciones puede tener la inteligencia artificial o a poner un pie en Marte. Estos fines me parecen pobres. Me refiero a algo mucho más grande. Me refiero a darnos cuenta de que el sano y correcto uso de nuestra libertad nos convierte en seres sobrenaturales.

Estamos obligados a hacer uso de nuestra libertad, aunque no queramos. Y podemos ensancharla. Ser más y más libres. O tirarla por la borda y atrofiarnos hasta límites insospechados. Créanme, siempre se puede caer más bajo. Ya hemos puesto aquí innumerables ejemplos de cómo se puede hacer un uso adecuado de la libertad y no quiero repetirme. Ahora me gustaría concluir que, por encima de todos ellos, puede haber una interpretación que está en otro plano. Un plano metafísico. Que nos supera. Que nos eleva. Que nos trasciende.

La libertad trascendental es la que se sitúa por encima de la realidad. La que me puede hacer desear lo imposible. La que me transforma en alguien inmortal. Y creo que eso nos lleva a hacernos una pregunta crucial: ¿por qué somos libres?

¿Por qué somos libres? Primera opción: el secreto del mal

Creo que a lo largo de todos estos capítulos hemos explicado con detenimiento que estamos llamados y diseñados para ser libres. La pregunta del millón es: ¿por qué? Como dice en un aforismo Nicolás Gómez Dávila: «El hombre libre lo es por algo». Y esa es la pregunta que debemos atrevernos a contestar.

Se trata de una pregunta tan crucial, tan decisiva en la

vida de todo hombre y toda mujer, que solo puede llevar a respuestas que son contradictorias entre sí. Algunos afirman que ser libre es lo peor que le puede pasar al ser humano. De forma bastante gráfica, el filósofo existencialista Jean-Paul Sartre afirmaba contundentemente que el hombre está condenado a ser libre. Es decir, que está obligado a tener que elegir. Y es que todos sabemos que el peso de la libertad puede llegar a ser muy grande, porque ser libres también supone aceptar que tenemos la posibilidad de equivocarnos y errar.

En capítulos anteriores explicamos por qué los animales no pueden ser libres o, dicho de otra manera, están incapacitados para hacer el mal. Y esa elección catastrófica es la que hipoteca nuestra libertad. Precisamente san Agustín comparaba nuestra libertad para errar con la muerte del alma. Cuando elegimos libremente hacer el mal, escogemos libremente renunciar a la libertad. O, dicho de otro modo el ser humano es tan sumamente libre que puede elegir no serlo, meterse de forma voluntaria en la celda de su esclavitud. Piénselo: de todo el mal que hay en el mundo, el que más daño puede hacer al ser humano hombre se debe al ejercicio de nuestra libertad. Hay otros males: las catástrofes naturales, los accidentes, las enfermedades que no son debidas al hombre, pero son más fáciles de sobrellevar. Cuando sabemos que algo es inevitable nos angustia mucho menos. Pero cuando conocemos que un determinado mal se debe a un culpable o a que nosotros no hicimos lo correcto, entonces esto nos angustia existencialmente. Pensemos en aquellos que son víctimas de un engaño, de una estafa. Aquellos que sufrieron una violación o perdieron a sus seres más queridos por culpa de un vil asesinato. Sobrellevar el mal que nos ha hecho otra persona solo está al alcance de aquellos que han luchado por saber lo mucho que libera saber perdonar.

El escándalo que supone aceptar el ejercicio de nuestra libertad es el que lleva a muchos filósofos a decir que esta vida no tiene sentido, negando por tanto todo lo que hay de sagrado, espiritual e inmaterial. Cuántas decenas de veces habré escuchado en mi consulta la frase de: «Yo no creo en Dios, doctor, porque si Dios existiera, no permitiría que pasara lo que me está ocurriendo». Si Dios existiera, parecen decir, intervendría inmediatamente. No consentiría por un minuto más que los inocentes de este mundo fueran víctimas de la más cruel de las injusticias. Quizá esos pacientes deberían ser más conscientes de que el mal que padecen es consecuencia del mal uso que hacen de la libertad quienes los rodean. Cuando sufrimos la iniquidad, la difamación, la crueldad, la violencia... en el fondo lo que hacemos es padecer las consecuencias de lo que los demás nos hacen cuando actúan mal. Es necesario aceptar que el ser humano debe poder hacer el mal, puesto que, si no fuera así, no podría ser libre.

Menuda paradoja: queremos ser libres, amamos nuestra libertad por encima de muchas otras cosas, pero luego nos quejamos muchísimo de que Dios permita que lo seamos y ejerzamos nuestra libertad para hacer el mal. Y el mal, como ya explicamos anteriormente, cansa muchísimo. Quienes crean que Dios es un patrón celoso que ejerce la autoridad de forma despótica deberían reflexionar un poco más. El demonio, en cambio, sí que es un patrón maléfico. Malvado. Insoportable. Todos sabemos lo terrorífico que debe de ser trabajar a tiempo completo para el más violento de los capos de la droga o para el más fanático de los líderes de una célula terrorista. El bien, a la larga, es mucho más llevadero.

Siguiendo este mismo planteamiento, podríamos llegar a la conclusión de que algunas personas serían mucho más felices si no fueran libres. O sea, si los seres humanos no fuéramos libres. Y entonces seríamos una especie de animal que se comportaría como tal, siguiendo los instintos que lleva marcados por su naturaleza. No sufriríamos el mal ajeno, pero tampoco seríamos libres. Un ñu sufre dolor cuando lo devora un león, pero es un dolor físico. No es capaz de neurotizarse ni obsesionarse con su pasado ni deprimirse por el daño causado. Y no es capaz porque no es humano. Pero nosotros somos diferentes. El ser humano, como se afirma continuamente, es capaz de lo mejor y de lo peor. De hacer una obra de arte excelsa y universal o de diseñar una bomba atómica que destruya medio planeta.

De hecho, podríamos pensar que el mal uso de la libertad no es más que un espejismo de los deseos de trascendencia que todos tenemos en nuestro interior. Detrás del drogadicto que solo busca una dosis más potente o detrás del libertino que vive obsesionado con alcanzar el multiorgasmo, se encierra una persona con deseos de alcanzar lo eterno en esta tierra. La búsqueda absoluta del placer sin límites o de la libertad sin restricciones son metáforas perfectas de aquel que busca algo más grande, más misterioso, más innombrable. Algo que es definido como el manantial que nunca deja de brotar, como la primavera perpetua, como el amor inabarcable.

Decía Kurt Cobain, el líder de la banda Nirvana, uno de mis grupos musicales preferidos, que a él le gustaría ser tan libre como las aves, pero sabía que nunca podría llegar a serlo; por desgracia se suicidó a una edad muy temprana y no desarrolló el tremendo potencial musical que ya demostraba tener siendo tan joven. Quienes niegan que las personas seamos libres, sea por el motivo que sea, acaban cayendo en la depresión y defendiendo las posturas más pesimistas y más nihilistas que puede adoptar el ser humano. Afirman que somos malos por naturaleza, que la vida es un sinsentido, que todos los que nos rodean no son más que seres depravados y crueles. Y así vivir se convierte en un sálvese quien pueda, basado en evitar el dolor. En aislarse de los demás. No apegarse mucho no vaya a ser que los demás puedan aprovecharse. Debemos evitar estos planteamientos existenciales, pues no suelen acarrear nada bueno. Debemos escarmentar en cabeza ajena y por eso hay que evitar conformarse con las migajas. Las personas libres quieren comerse la barra de pan entera y por eso no se escandalizan ante el mal. Saben que es el alto precio que hemos tenido que pagar para obtener nuestra libertad. Como dicen diversos autores cristianos: «Tú y yo hemos sido comprados a gran precio»; se ha tenido que hacer una cantidad ingente de sacrificio para que podamos ser libres y eso nos lleva directamente a la segunda opción.

¿Por qué somos libres? Segunda opción: la existencia de Dios

Experimentar en nuestra vida el ejercicio de la libertad ha llevado a muchas personas a la convicción de que somos seres creados. Si no fuera así, si nuestra vida solo supusiese un producto de una serie de reacciones químicas que un ser vivo unicelular llevó a cabo cuando se puso en contacto con la atmósfera, entonces la libertad sería tan absurda como difícil de asumir. La libertad no puede explicarse a través de la química, la física o la genética. La conducta humana es muy difícil de predecir. Por eso es tan complicado acertar una quiniela. Y por eso con tantísima frecuencia decimos aquello de: «No tengo ni idea de por qué se comportó así», «Me resulta difícil explicar mi conducta», «No sabría decirte por qué pasó, pero el hecho es que así fue».

Esa dificultad que tenemos para explicar lo inexplicable es otro de los misterios de la libertad. Nos cuesta entender y aceptar la conducta ajena porque no conocemos a los demás por entero. Porque no podemos meternos en su cabeza y saber cómo piensan. Solo nos lo podemos imaginar. O presumir. O presuponer. O presentir. Pero eso nos lleva a la equivocación. El ser humano sigue siendo libre a pesar de los condicionamientos. Y es bueno que lo sea porque eso le hace grande, inmortal, eterno. Cuando algunos autores cristianos dicen que hemos sido creados a imagen y semejanza de Dios, precisamente se refieren a esto. Aunque seamos pobres, feos, ciegos, tontos o deformes, seguimos pudiendo ejercer la libertad. Y esa posibilidad, aunque solo sea una potencia, es la que nos da dignidad. El bebé, el discapacitado intelectual o el que está en coma no puede ejercer su libertad en ese preciso instante, ha perdido esa capacidad en el momento actual, pero puede haberla tenido en el pasado, podrá ejercerla en el futuro o podría recuperarla si se curara de su enfermedad. Por eso toda vida humana es digna. Por eso es sagrada. Y cuanto más débil, atrofiada o pobre sea, más la debemos cuidar.

Ahora se entiende a la perfección una frase de los *Pensamientos* de Pascal: «El hombre supera infinitamente al hombre». El hombre está por encima del hombre, con independencia de sus atributos sociales o morales. Por eso las personas que alcanzan las más altas cotas de libertad (y, por ende, de felicidad) deciden dar su vida por los parias de la Tierra. Eso explica por qué tantas filosofías, movimientos sociales y religiones les han dado un papel primordial a los pobres.

Además de llegar a la conclusión de que somos libres porque hemos sido creados por otro, también podemos deducir que esto supone descubrir que nos ha elegido otro. Y ese ser que nos configura y nos ama nos llama para que cumplamos una determinada misión a la que llamamos «vocación». Es absurdo pensar que podemos hacerlo todo y que todo lo que nos propongamos podemos realizarlo bien. Solo podemos hacer determinadas cosas. Aquellas que se nos dan bien. Aquellas que hemos aprendido. Y tendemos a hacer y a dirigirnos allí donde más rendimiento encontramos. Para eso hay que ser lo suficientemente sinceros como para aceptar lo que somos y reconocer cuál es nuestra vocación. Seguir nuestra vocación es responder a la llamada. Y solo así alcanzaremos la libertad. Somos libres porque alguien nos llama. Porque alguien nos ha elegido para hacer algo concreto.

Somos libres, en definitiva, porque alguien nos ama.

Crear seres libres no es algo que esté al alcance de las personas. Nosotros podemos reproducirnos o unir un espermatozoide con un óvulo y producir un embrión en una mesa de laboratorio, pero jamás podremos crear vida desde la nada. Es algo que nos excede. Que está muy por encima de nuestras capacidades. Ni siquiera de nuestra imaginación. Si creemos que el hecho de vivir no es casual, que hay un plan previo que ha determinado nuestra libertad, entonces aceptamos que hay un ser que nos trasciende. Y a ese ser, presente a lo largo de la historia de la humanidad en todas las culturas y civilizaciones de la Tierra que han existido, solemos llamarlo «Dios». Reflexionen por su cuenta, pero ya verán cómo cuadra bastante. Se trata de una hipótesis lógica y plausible. Nuestra libertad es una clara demostración de que Dios existe.

Y esta idea nos lleva a otra mucho más interesante. No estamos solos. Es una frase que suele usarse para decir que en el universo debe de haber mucha más vida inteligente, pero que a mí me sirve para afirmar que no solo existen los seres humanos. Cuando queremos enfrentarnos a los enemigos de la libertad es mucho más fácil hacerlo con la ayuda de Dios. A eso le llamamos «rezar». Un viejo hábito, ahora un tanto obsoleto, que consiste en desear lo mejor para mí mismo y para los demás. Un deseo que viene acompañado de la ayuda externa. Es lógico pensar que no hay muchas cosas que podamos hacer solos. Que la voluntad humana suele quedarse corta. Que necesitamos que otros nos ayuden pero que también, muchas veces, solo esto no es suficiente. Y por eso necesitamos la ayuda divina. Esa que nos muestra que lo que padecemos no es para tanto. Esa que nos facilita aprender que todo sufrimiento humano, por doloroso que parezca, está cargado de sentido.

Así que ya saben, ustedes eligen, hagan el uso que quieran de su libertad. O ejercer la libertad nos escandaliza, porque nos lleva a aceptar que podemos hacer el mal, o nos libera, porque nos conduce a reconocer que somos seres creados por el mismo Dios. En sentido psicológico, al buen uso de la libertad lo llamamos «madurez». Desde el punto de vista moral, actuar bien supone acertar. C. S. Lewis, en una expresión bastante certera, lo comparaba con «acertar en la diana». Dejar que tomemos la mejor decisión, aquella que es la más correcta a la luz de nuestro entendimiento y nuestra conciencia. O dicho con palabras de *La guerra de las galaxias*, permítanme la licencia, es la fuerza que deseamos que nos acompañe para que nos ayude a no sentir atracción por el lado oscuro.

¿Para qué somos libres? Elija su mejor opción

Y es aquí donde surge la pregunta más importante que podemos hacernos. La libertad no es más que una herramienta. Lo importante no es tenerla, sino saber usarla. Hace no tanto tiempo el ser humano estaba limitado por todas partes. No tenía libertad de expresión o de movimientos. Sufría grandes dificultades para poder hacer cosas que hoy vemos como imprescindibles. Pero lo importante es que, una vez que podemos gozar de la suerte de conquistar nuevas libertades, tengamos la madurez suficiente como para hacer un buen uso de ellas. A lo largo de todos estos capítulos hemos visto cómo, para defender la libertad, debemos esquivar las fuerzas que pueden arrebatárnosla. Ya hemos explicado que el principal enemigo lo tenemos dentro. La libertad interior, de conciencia, de pensamiento. Esa corre de nuestra parte. Pero también hay algunos que no cejan en su empeño de arrebatarnos nuestra frágil libertad.

Vivir obsesionados por lo material, por la salud o por tener un mejor cuerpo puede acabar siendo la peor de las cadenas. Ya hemos insistido en el dominio de nosotros mismos. Podemos decidir si queremos ser súbditos serviles de las últimas modas o marionetas controladas por aquellos que han invertido en fomentar nuestros deseos más inmorales o la más depravada sensualidad. Demos un paso al frente, pero de espaldas, en dirección contraria; organicemos una eficaz resistencia frente al imperio que solo quiere colonizarnos: únicamente así alcanzaremos la estabilidad y la paz que solo se obtiene cuando hemos conquistado la maravillosa, liberadora y absoluta independencia, esa que solo aporta la auténtica libertad.

Pero la conquista de la libertad no es un no, sino un sí. La mejor manera de evitar hacer lo que me daña es dedicarme a aquello que me viene bien. ¿Qué es lo que queremos hacer con nuestra vida? ¿Para qué narices tenemos que ser libres? Ese es el quid de la cuestión. Y permítanme que les diga que no hay una respuesta única y universal. Cada cual debe buscar la suya. No todos somos iguales, por eso debemos pensar qué es lo que más nos conviene. Qué camino se adapta a nuestras cualidades y circunstancias. Descubra su vocación. Acéptese como es. Reconozca sus fallos. Apóyese en sus puntos fuertes. Siéntase culpable cuando se equivoque. Disfrute de sus aciertos. Madure sus decisiones. Ejercite al máximo su libertad. Responsabilícese de las consecuencias de sus acciones.

Este es un objetivo que está al alcance de cualquiera. No hace falta ser muy listo o muy culto o venir de buena familia. Al contrario, cuando a una persona le damos todo hecho, eso no suele funcionar. Hemos de permitir que nuestros hijos se hagan las preguntas correctas. Que aprendan a equivocarse. Que busquen y elijan lo que han descubierto que les viene bien. Esa es la clave para educar a los hijos en libertad. Es un conocimiento que no se enseña en un curso online o en la universidad. No es algo que el gurú de turno nos pueda enseñar. Es algo más humano, mucho más completo. Una enseñanza vital. Abramos los ojos. Miremos a tanta gente poderosa e inteligente como hay.

Personas que pertenecen a la élite (a la casta) que no son nada libres. Viven angustiados por la pura apariencia y por el qué dirán. Solo hay que leer una revista del corazón para darse cuenta enseguida de ello. No pensemos que no podemos. Debemos ser conscientes de que el resultado depende de nosotros mucho más de lo que imaginamos. Descubrir que la coartación externa de la libertad o la reducción de nuestra capacidad de elección tiene muy poco que ver con ser libre. Un importante descubrimiento. La conquista de la madurez.

La libertad, en ese sentido pleno y auténtico, no es algo que esté al alcance de unos pocos. No es algo que recibamos y compremos. Como dice el anuncio de una famosa tarjeta de crédito, «hay cosas que el dinero no puede comprar». Una gran verdad. Y una de esas cosas es la libertad. Son muchos los que dicen: «He decidido invertir en mí mismo para ser más libre y no depender de los demás». Pero de inmediato puede comprobarse que esa supuesta libertad no es tal. Una libertad que no tiene en cuenta a los demás. Una libertad que solo se ha alcanzado para vivirla en soledad es estéril, pueril y simplista. Una libertad cargada de egocentrismo y vanidad.

La libertad es fruto de un largo camino de reflexión. Solo se conquista si descubrimos que somos mucho más que un mero trozo de carne. Somos almas encarnadas. Mentes que piensan y que pueden decir que sí o que no. Comprometerse o escupir sobre quienes nos quieren ayudar. Somos capaces, o no, de alcanzar los más altos niveles de independencia de criterio. Y eso solo nos lo da la libertad moral. Una libertad que consiste en adquirir autonomía no para hacer lo que queremos, sino para hacer lo correcto.

Para defender a capa y espada, con todas nuestras fuerzas, incluso dando la vida por ello, la libertad de los demás hay que creer en algo más que la libertad. Para eso necesitamos un motivo, un cómo, un porqué, un relato. La religión y la historia nos han dado muchos. Razones para el sacrificio. Que cada cual busque el suyo pero que lo busque. Que no piense que no importa. Si no lo hace, su libertad se verá degradada a un mero capricho egoísta y voluble.

Pensando en cómo ponerle el broche final a este libro me encuentro con la siguiente definición de Dios en la novela *La mujer del teniente francés* de John Fowles: «Dios es la libertad que permite la existencia de otras libertades». Me parece magistral. También Miguel de Unamuno, en su *Diario íntimo*, dice lo siguiente: «El misterio de la libertad es el misterio mismo de la conciencia refleja y de la razón. El ser humano es la conciencia de la naturaleza, y en su aspiración a la gracia consiste su verdadera libertad. Libre es quien puede recibir la divina gracia, y por ello salvarse». Solo esta frase daría para un nuevo libro, pero yo prefiero señalarla como mero apunte. Este tipo de ideas no se adquieren por imposición, sino por reflexión. Yo solo pretendo compartir lo que a mí me cuadra, lo que me da fuerzas para levantarme todos los días y seguir encontrándole aún sentido al hecho de existir. Pero no puedo recorrer el camino por los demás. Solo puedo afirmar que si no crecemos decrecemos. Si no hacemos nada nos atrofiamos. Si pretendemos que sean los demás los que nos marquen el camino nos volvemos dependientes.

Quien elige lo malo se hace malo. Quien elige lo bueno se hace bueno. Quien elige las cosas se vuelve materialista. Quien elige su cuerpo cae en la vanidad. Quien elige el placer se hace hedonista. Quien elige el bienestar ajeno elige lo mejor. Quien elige a las personas elige el amor y quien elige el amor se hace mejor, pues el acto más propio de la libertad es el amor. Y ahora permítanme terminar con una frase no apta para incrédulos: quien elige a Dios se hace perfecto.

¿Lo tiene claro? ¿Lo ha pensado? ¿Qué es lo que piensa al respecto? ¿Qué es lo que quiere hacer con su vida? Usted verá qué hace. Ahora solo falta lo más fácil, decidir qué es lo que va a hacer con ese don tan maravilloso que ha recibido gratis: su libertad.

AGRADECIMIENTOS

Son numerosas las personas a las que les debo mucho por haber sacado este libro adelante. Quiero empezar por mis padres, José Antonio y Kika, y por mis cuatro hermanos: José Antonio, Ignacio, Miriam y Pablo. Sin lugar a dudas, puedo afirmar que he nacido en una familia que ha sabido educarme en libertad. A mis lectores, por saber señalarme lo bueno que hago y lo mucho que me falta por mejorar. A mis pacientes, que, tanto en las situaciones buenas como en las malas, me han demostrado ser la mejor de las fuentes a la hora de aprender lo difícil que puede llegar a ser conquistar la libertad. A mis amigos Javier Cercas, Jesús Muñoz y Antonio Balsera, por alentarme a seguir escribiendo, pero poniéndome los pies en el suelo. A mis compañeros psiquiatras, no conozco otra profesión en la que uno pueda conocer más acerca del alma humana. Y finalmente a mis editores del grupo editorial Penguin Random House, Oriol Masià y Raffaella Coia, y a mi corrector de estilo, Andrés Prieto, por sus sabios consejos y sugerencias al revisar el manuscrito final.

BIBLIOGRAFÍA RECOMENDADA

AGASSI, Andre, *Open: mi historia*, Barcelona, Duomo Ediciones, 2014.

ALBERCA, Fernando, *Nuestra mente maravillosa*, Madrid, Temas de Hoy, 2013.

ARISTÓTELES, *Metafísica*, Madrid, Gredos, 2000.

—, *Ética a Nicómaco*, Madrid, Gredos, 2014.

AUSTER, Paul, *4 3 2 1*, Barcelona, Seix Barral, 2017.

BALIBREA, Miguel Ángel, *Cautivados por la libertad*, Pamplona, Ediciones Universidad de Navarra, 2021.

BAUMAN, Zygmunt, *Amor líquido*, Barcelona, Paidós, 2018.

BRAGE, José, *El equilibrio interior*, Madrid, Rialp, 2016.

BURGGRAF, Jutta, *Libertad vivida con la fuerza de la fe*, Madrid, Rialp, 2012.

CAMUS, Albert, *El mito de Sísifo*, Barcelona, Literatura Random House, 2021.

CHICLANA ACTIS, Carlos, *Tiempo de fuertes, tiempo de valientes*, Madrid, Palabra, 2021.

CHRISTOPH LICHTENBERG, Georg, *Aforismos*, Madrid, Cátedra, 2009.

Covey, Stephen, *Los siete hábitos de la gente altamente efectiva*, Barcelona, Paidós, 2016.

Fraguas, David, *Tierras extrañas*, Madrid, El Sastre de Apollinaire, 2021.

Frankl, Viktor, *El hombre doliente. Fundamentos antropológicos de la psicoterapia*, Barcelona, Herder, 1987.

—, *El hombre incondicionado*, Buenos Aires, Plantín, 1955.

—, *El hombre en busca del sentido último. El análisis existencial y la conciencia espiritual del ser humano*, Barcelona, Paidós, 1999.

Fromm, Erich, *El arte de amar*, Barcelona, Paidós, 2009.

—, *El miedo a la libertad*, Barcelona, Paidós, 2004.

García-Máiquez, Enrique, *Palomas y serpientes*, Albolote, Comares, 2015.

Ginzburg, Natalia, *Las pequeñas virtudes*, Barcelona, Acantilado, 2019.

Gómez Dávila, Nicolás, *Escolios a un texto implícito*, Girona, Atalanta, 2009.

Gonzalo Sanz, Luis María, *Entre libertad y determinismo*, Madrid, Cristiandad, 2007.

Gracián, Baltasar, *El arte de la prudencia: oráculo manual*, Barcelona, Círculo de Lectores, 1998.

Gutiérrez Rojas, Luis, *La belleza de vivir*, Madrid, Ciudadela, 2021.

Hadjadj, Fabrice, *Puesto que todo está en vías de destrucción*, Granada, Nuevo Inicio, 2016.

Heidegger, Martin, *Hegel, Rechtsphilosophie*, Frankfurt, Vittorio Klostermann GmbH, 2011.

Iglesia, Julio de la, *El miedo es de valientes*, Barcelona, Alienta, 2022.

Joubert, Joseph, *Pensamientos*, Barcelona, Península, 2009.

Konnikova, Maria, *El gran farol*, Barcelona, Libros del Asteroide, 2021.

Kuby, Gabriele, *La revolución sexual global*, Madrid, Didaskalos, 2017.

Lec, Stanisław Jerzy, *Pensamientos despeinados*, Valencia, Pre-textos, 2014.

Leibniz, Gottfried, *Escritos de filosofía jurídica y política*, Madrid, Biblioteca Nueva, 2009.

Lewis, Clive Staples, *Los cuatro amores*, Madrid, Rialp, 2012.

Marín, Higinio, *Mundus*, Granada, Nuevo Inicio, 2019.

—, https://www.amazon.es/Mundus-una-arqueolog%C3%ADa-filos%C3%B3fica-existencia/dp/8412051475/ref=sr_1_1?hvadid=80127006837543&hvbmt=bp&hvdev=c&hvqmt=p&keywords=mundus+higinio&qid=1671448638&sr=8-1

Marina, José Antonio, *Los miedos y el aprendizaje de la valentía*, Barcelona, Ariel, 2014.

Pascal, Blaise, *Pensamientos*, Madrid, Espasa, 2001.

Rojas, Enrique, *La conquista de la voluntad*, Barcelona, Booket, 2012.

Rousseau, Jean-Jacques, *El contrato social*, Madrid, Espasa, 1998.

Stuart Mill, John, *Sobre la libertad*, Madrid, Espasa, 1991.

Vilaseca, Borja, *Encantado de conocerme. Comprende tu*

personalidad a través del Eneagrama, Barcelona, De-
bolsillo, 2013.

VOLTAIRE, *Cándido*, Madrid, Espasa, 2001.

VV. AA., *CIE-10. Clasificación internacional de enfermedades* (10.ª edición). Disponible en https://icdcode.
info/espanol/cie-10/codigos.html.

WILDER, Thornton, *Los idus de marzo*, Barcelona, Edhasa, 2019.

—, *La Cábala*, Madrid, Edhasa, 2004.